Warschauer Ghetto.
An der südlichen Mauer,
dort, wo sich heute
das Puppentheater „Lalka"
befindet, stand einst
ein graues, vierstöckiges
Gebäude: der letzte Sitz
des jüdischen Waisenhauses
Dom Sierot, das von
Dr. Korczak geleitet wurde
und das in dieser dunklen Zeit
200 Kindern ein Zuhause war.
Was draußen auf den Straßen
und innen im Haus passierte,
was diese Kinder dort sahen
und hörten und dachten –
davon erzählen hier
zwei seiner Bewohner:
ein 12-jähriges Mädchen
namens Genia und der
Herr Doktor selbst.

FRÄULEIN ESTHERS LETZTE VORSTELLUNG

FRÄULEIN ESTHERS LETZTE VORSTELLUNG

EINE GESCHICHTE AUS DEM WARSCHAUER GHETTO

```
Text* und Storyboard
Adam Jaromir

Illustrationen
Gabriela Cichowska

Grafische Gestaltung
Dorota Nowacka

Gimpel Verlag
------------------
* Unter Verwendung
von Originaltexten
Janusz Korczaks.
```

Dass ich die Nacht ...
mit dem Schreiben fülle, ist nicht neu.
Neu ist, dass ich ein Tagebuch schreibe.
Über meine kleine, aber wichtige Person.
4 Über unser Haus in der Krochmalna.
Über die achtzehn Monate,
seitdem wir hier leben.

Wir haben jetzt das Jahr 1942. Mai.
Es ist ein kühler Mai dieses Jahr.
Und die heutige Nacht
die stillste unter den stillen.

Die Kinder schlafen.
Es sind tatsächlich zweihundert.
Auf dem rechten Flügel – Frau Stefa.
Ich – linkerhand, im sogenannten
Isolationszimmer.

Die Tür zum Schlafsaal
der Jungen steht offen.
Es sind sechzig an der Zahl.
Etwas weiter östlich liegen
sechzig Mädchen
im stillsten aller Schlafe.
Der Rest oben.

Ich schlafe nicht.
Wie sollte ich auch?
Helcia turnt herum.
„Lass das!", zischt Chana.
„Da unten ... Da ist jemand."
„Unsinn! Da ist keiner."
„Da ist jemand! Da! Da unten!"
Ich stehe auf, schaue heraus.
Zappenduster.
„Da! Da!", hüpft Helcia
und deutet auf die Stelle,
wo in kleinen Abständen
ein Lichtlein aufflackert.
„Stand schon gestern da ..."
Als ich später am Bett
der Neuen vorbeikomme,
sehe ich, dass sie wach daliegt.
„Es war nichts", lächle ich.
„Ein Wachmann ..."

HELCIA.
Neugierig
wie eine Ziege.
Und ebenso flink.

ICH.
Etwas verschlafen.

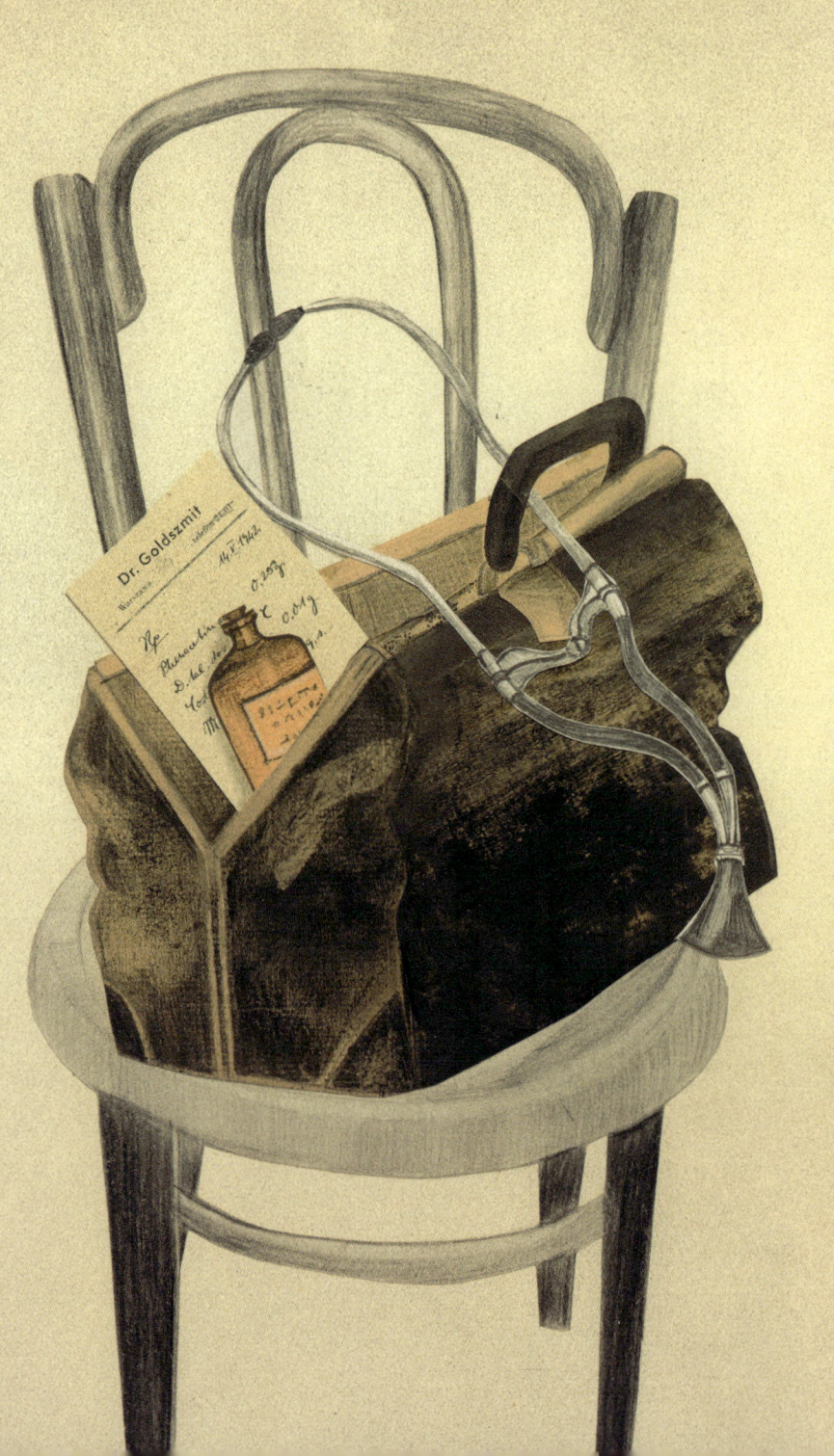

Die Kinder sind noch am Essen,
als ich mich auf den Weg mache.
Heute ist Leszno dran.
Die Hausnummern 30 bis 35.

Bitte klingeln!
Lurie 1 x – Rotsztajn 2 x – Rogozinski 4 x ...

Ich bin systematisch, drücke erst ein-,
dann zwei-, dann viermal. Keine Reaktion.
Ich versuche es noch einmal. Schritte ...
Ein alter Mann macht auf, um mir
nach einem kurzen, abschätzenden Blick
mitzuteilen: „Wir kaufen nichts."
Ich lächle, versuche zu lächeln.

„Es geht um ein Waisenhaus,
eine Handvoll Kinder,
deren Leben und Gesundheit
auf dem Spiel stehen ...
Sie können helfen.
Mit etwas Geld oder auch nur
mit einem Hinweis ..."

„Kinder ...", wiederholt er
etwas gedankenverloren.
Dann verschwindet er in der Dunkelheit,
um nach einer Weile zurückzukehren,
mit einer kleinen Münze.
Das Ganze wiederholt sich.
Zehn- bis zwanzigmal am Tag.
Sechsmal die Woche, außer Sabbat.

Die heutige Ausbeute:
50 Złoty und eine Verpflichtung
für 5 Złoty monatlich.
Der Unterhalt für 200 Menschen ...

Meine letzte Hoffnung: der Gang zur Post.
Bis dahin ist es ein langes Stück Fußweg.
Żelazna – Walicόw – Grzybowska,
immer die Gleise der Pferdetram entlang.

Straßenkinder.
Tag für Tag, Monat für Monat speit der Krieg
sie zu Tausenden aus. Wie ein tosendes Meer,
das, ohne nur für einen Augenblick innezuhalten,
winzige Muscheln an seine Ufer schleudert.
Die Waisenheime – davon gibt es hier im Ghetto
an die drei Dutzend – platzen aus allen Nähten.
Auch unseres, nachdem der letzte Monat
dreißig Neuzugänge brachte ...

Und dennoch: Wenn ich durch die Straßen gehe
und die Kinder auf dem Bürgersteig betteln sehe,
empfinde ich eine tiefe Ohnmacht.
Ich empfinde Verantwortung für jedes Unrecht,
das ihnen geschieht. Und ich vermag nichts weiter,
als kurz über ihre Köpfe zu streichen.
Ich, der große Doktor.

Vor Grynbaums Laden haben sich heute
drei Straßenjungen postiert.
Der Älteste – er heißt Zvi –
erzählt mir, er würde schon seit dem
letzten Winter auf der Straße leben.
In seinem Gesicht, auf seinen
Armen und Beinen kleine Wunden.
Spuren langanhaltenden Hungers,
die ich mit etwas Jod verarzte.
Doch was nützt hier Jod?
Ein Teller Suppe wäre da besser.

„In der Gęsia gibt es ein Heim für Jungen.
Geh dorthin und sag, dass dich Dr. Korczak schickt.
Vielleicht gibt es da einen Platz für dich."
Er schaut mich von der Seite an, verdutzt über
einen Fremden, der so viel Interesse zeigt.
„Ich muss weiter", lächle ich verlegen.
„Mach's gut, mein Junge."

Ich tue ein paar Schritte.
Es will nicht klappen.
Die Beine werden bleiern, der Atem kurz.
Ich hab das Gefühl, stolpern zu müssen.
Ich bleibe stehen, kehre um.

16 ---
Dreißig neue Kinder zu entziffern,
wie dreißig Bücher, geschrieben
in einer halbbekannten Sprache,
im Übrigen beschädigt, mit fehlenden Seiten.
Ein Bilder-, ein Kreuzworträtsel.
Kinder, deren Eltern, Brüder
und Schwestern tot sind ...
Sie kommen von überall her:
aus Frankfurt, aus Łódź,
aus einem Dutzend niedergebrannter Stetl.
Der Krieg mit seiner schwarzen Tinte
hat sich über die Seiten dieser Bücher gelegt.
Ein für alle Mal. Unauslöschlich.

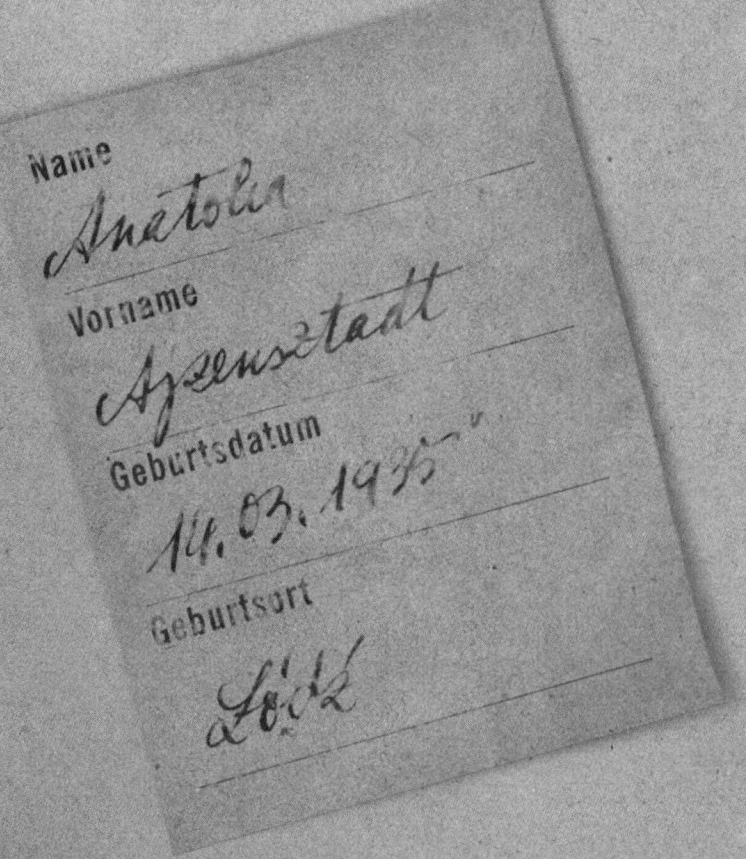

Seltsam ... Gestern Abend,
als Fräulein Esther die Neue
in unseren Schlafsaal brachte,
da taten die anderen noch so,
als ob sie gar nicht da wäre ...

Heute sieht es schon anders aus:
Als sie sich an unseren Tisch setzt,
wird sie sofort umringt.
Selbst Szymek und Szmulik
hören auf, sich ums Brot zu streiten.
„Wie heißt du? Bist du von hier?",
wollen sie wissen. Doch sie schweigt.
„Kann die sprechen?"
„Sie heißt Tola und kommt aus Łódź",
gebe ich entnervt zurück.
„Und jetzt lasst sie in Ruhe."
Der kleine Mendelek ist Feuer und Flamme.
Tolas Bär hat es ihm angetan.
„Hat er einen Namen?", fragt Felunia.
„Kie... Kiepura", stammelt Tola.
„Ich ... ich ...", zieht Mendelek.
„Meiner!", zerrt Felunia.
Als Kiepura entzweizugehen droht,
schreitet Fräulein Esther ein.
„Ich glaube, unsere Tola hat genug.
Vielleicht kannst du ihr jetzt
unser Haus zeigen?"

Ich zeige Tola die „stille Ecke",
mein Tagebuch, die Schachtel.
„Schachtel?"
„Schachtel", erkläre ich,
„in die du deine Sachen
legen kannst.
Komm, ich zeig dir meine."
Sie folgt mir still,
ohne mich anzuschauen.
Wir setzen uns auf den Boden
und ich hole sie hervor.
Meine Schätze. Der Reihe nach.
Doch erst als Miss Loda
zum Vorschein kommt,
erhellt sich Tolas Gesicht.
„Wenn du willst,
bastle ich dir auch so eine."
„Wirklich?"
„Ja, wirklich. Aber jetzt komm,
ich zeig dir den Rest."

Der Rest, das ist nicht viel:
der Innenhof mit dem verdorrten Baum,
der Spiegelsaal im Zweiten
und der „Kessel" im Dritten,
mit einer endlosen Schlange davor.
„Eine Suppenküche", erkläre ich,
während wir uns zwischen den
Wartenden durchzwängen.

Einen Treppenabsatz höher sitzt Jakub.
Er schaut kurz zu uns auf, um sich
wieder in sein Heft zu versenken.
„Der ist ja komisch", sagt Tola.
„Jakub ist nicht komisch. Er dichtet."

Das Dachstübchen.
An der Tür hängt ein Zettel:
„An den Herrn Dieb.
Wir bitten freundlichst,
das Schloss nicht aufzubrechen.
Das Zimmer ist leer ..."

Tola lässt sich nicht beirren.
Sie lugt durch das Schlüsselloch.
Sie tut es gründlich.
„Und?", frage ich.
Sie richtet sich auf,
zuckt kurz mit den Schultern
und spuckt ein Wort aus:
„Rot."

JAKUB.
Kennt alle Geschichten
aus dem Talmud.
Vor dem Krieg
besuchte er den Cheder.
Jakubs Großvater
war Rabbi.
Ihm zu Ehren will er
ein Gedicht schreiben.
Ein Gedicht über Mose
und den Auszug
aus Ägypten.

Wir waren heute im Innenhof
und machten Gymnastik,
als Tola plötzlich aufstand und sich
mit Kiepura im Arm davonmachte.
Ich lief hinterher, holte sie
an der nächsten Straßenecke ein ...
Sie wollte nach Hause ...
Es hätte ins Auge gehen können.
Es ist nicht lange her,
dass wir draußen Schüsse hörten.
Der Herr Doktor, Frau Stefa ... sie sagten,
hier im Hause könne uns nichts passieren.
Nur vors Tor – das dürften wir nicht.

Hier drinnen den Tag rumzukriegen,
ist gar nicht so einfach. Nach dem Frühstück:
Unterricht. Nachmittags: stille Arbeit –
Nähen, Basteln oder Schmökern oder auch
Tagebuchschreiben, das ich am meisten mag.
Doch auf die Dauer ist auch das langweilig ...
Fräulein Esther meinte, sie würde
sich schon etwas einfallen lassen.
Sie hat immer die besten Ideen.

Heute früh sagte sie, sie hätte
für uns eine Überraschung.
„Es ist grün", sagte sie.
„Oder doch rot?
Ich weiß es selbst nicht.
Ihr werdet schon sehen ..."

Die Jungs sind heute
ausgesprochen brav.
Lutek fiedelt auf seiner Geige,
Jerzyk studiert Landkarten,
Jakub kritzelt ...
Ein ruhiger Nachmittag.
Wie seit Langem nicht mehr.

ABRASCHA.
Von allen Jungs
mag ich ihn
am meisten.
Vielleicht ...
weil er so ruhig ist
und eine schöne
Stimme hat.
„Schöne Stimme ...
Ruhig ...
Gib es endlich zu",
sagte Chana,
du hast dich
in ihn verguckt."

Ich sitze in der stillen Ecke
und versuche, alles aufzuholen.
Das mit dem Tagebuch –
das war eine Idee vom Herrn Doktor.
Er sagte, es sei wichtig, festzuhalten,
was einem am Herzen liegt.
Manche schämten sich
und wussten nicht so recht,
wie man so etwas anfängt.
Doch der Herr Doktor
gab ihnen einen Wink.
Ein paar Fragen,
auf die sie antworten konnten.

Bist du glücklich,
dass du geboren wurdest?
Möchtest du heiraten und Kinder haben?
Welche Namen willst du ihnen geben?
Wie möchtest du sein? Arm oder reich?
Berühmt oder gelehrt?

Frau Stefa sitzt mit uns am Tisch.
Vor ihr – ein Blatt Papier.
Sie sagte, sie wolle
einen Brief schreiben,
an ihre Freunde in Palästina.
Doch das Blatt bleibt leer.
Sie legt den Stift aus der Hand,
steht auf, geht ans Fenster.
Sie macht sich wohl Sorgen,
weil *er* das Haus verließ.
Ohne die Armbinde.
Wie immer.

Ciepła 20. Postpaketstelle.
Einmal die Woche komme ich hierher,
in der Hoffnung, dass irgendwo unter diesem Berg
ein Päckchen auf mich wartet.
Eines, das uns eine treue Seele sandte,
im Angedenken an die alten Zeiten ...
oder eines, das liegengeblieben ist ...

Warteschlange.
Die Menschen unterhalten sich.
Sie erzählen von Słonim und Chełmno,
von Lemberg und Kiew ...
Darüber, was Juden angetan wurde
und unablässig, Stunde für Stunde
angetan wird ...

Man kommt zentimeterweise voran.
Alle paar Zentimeter – eine neue Geschichte.
Als ich endlich an die Reihe komme,
lese ich bereits im Blick des Postarbeiters,
dass mein Warten vergeblich war:
„Es tut mir leid, Dr. Korczak.
Diesmal ist für Sie nichts da ..."

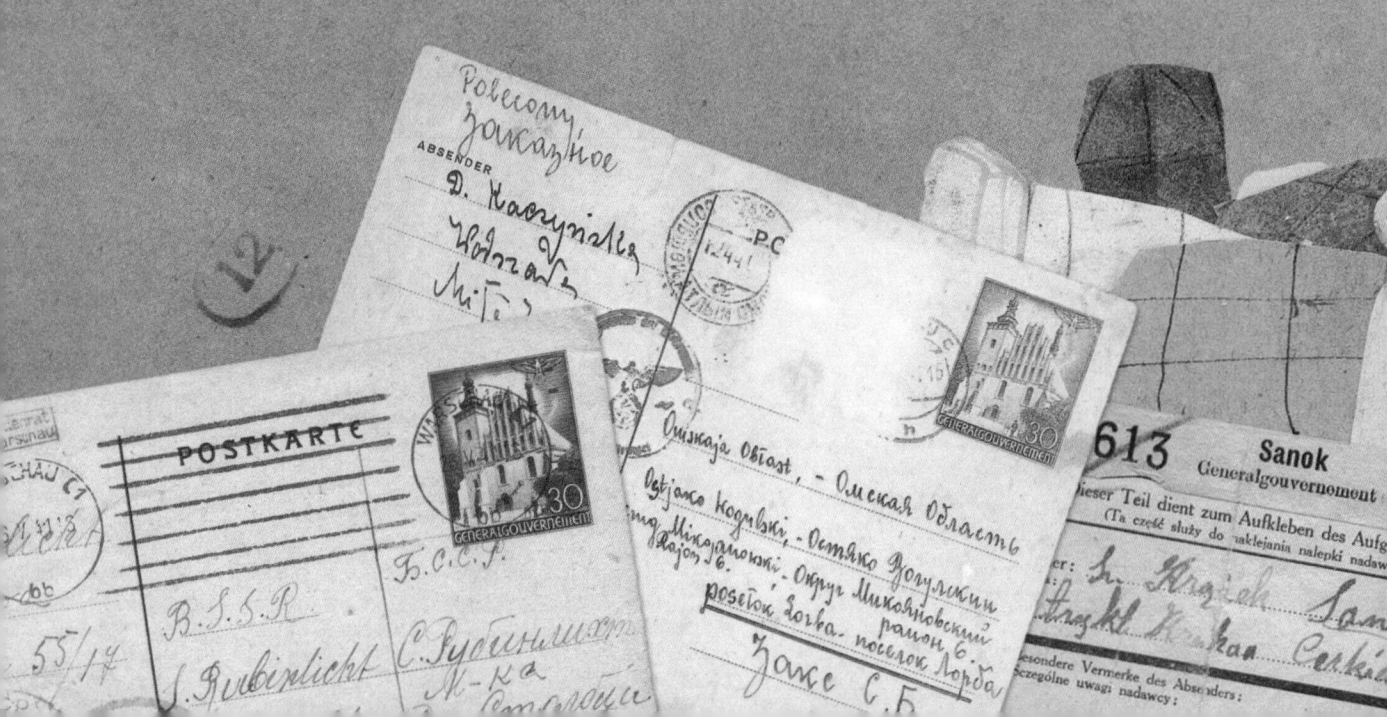

Auf dem Rückweg
streife ich die Krochmalna.
Erinnerungen werden wach.
Ich unterbreche meinen Weg,
folge dem Lauf der Straße,
bis sie kommt.
Die Mauer.

Dahinter —
es trennen mich
wenige Hundert Meter —
unser weißes Haus,
das in den 28 Jahren,
als wir dort lebten,
Hunderten von Waisen
ein Zuhause war.

Statt tote Formeln
auswendig zu lernen,
erfuhren sie dort
Nützliches.

Darüber ...
wo die Menschen leben,
warum sie so leben,
wie man anders leben kann
und was man alles
können und tun muss,
um seinen Geist
frei zu entfalten
und aus diesem
Glück zu schöpfen.

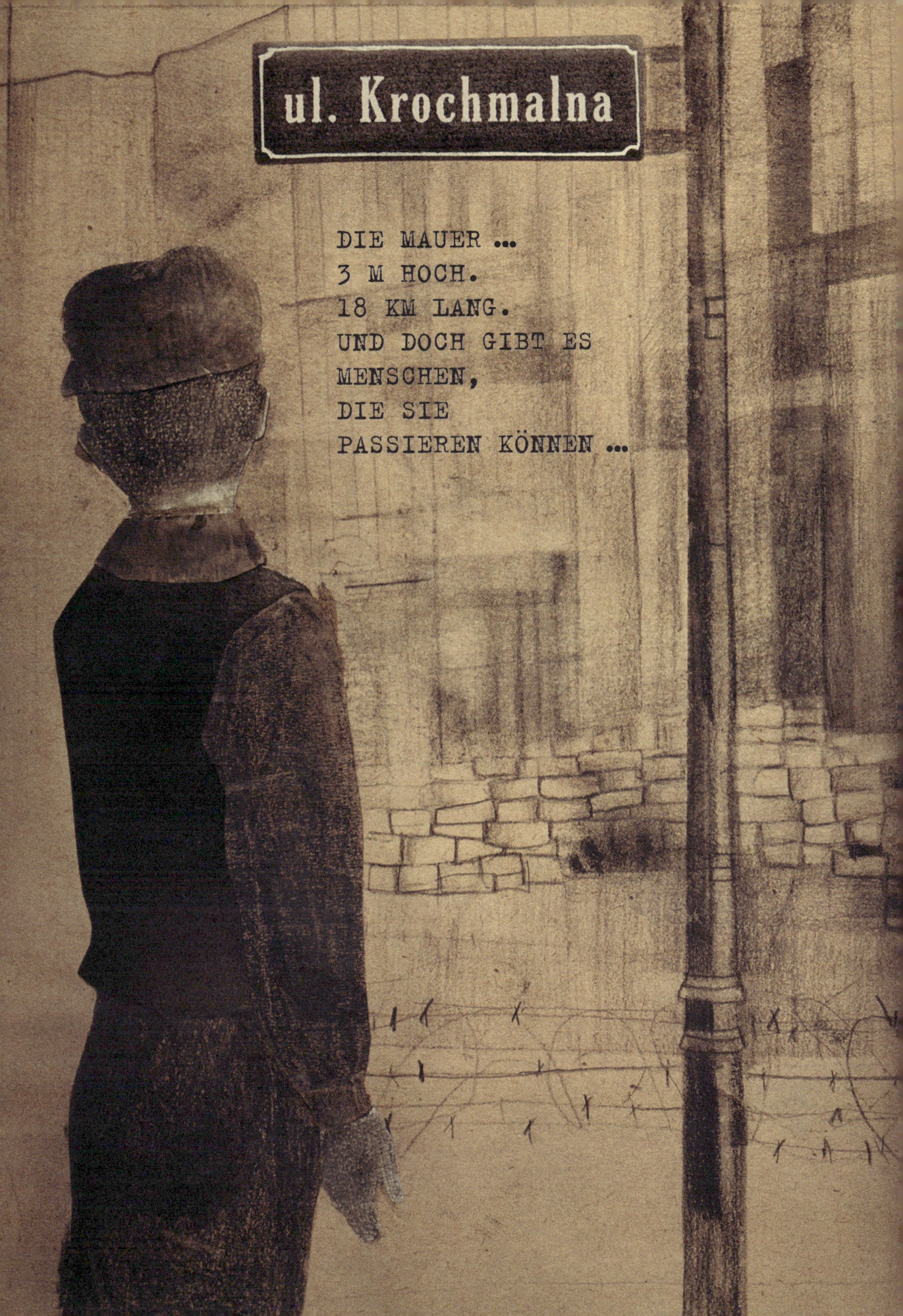

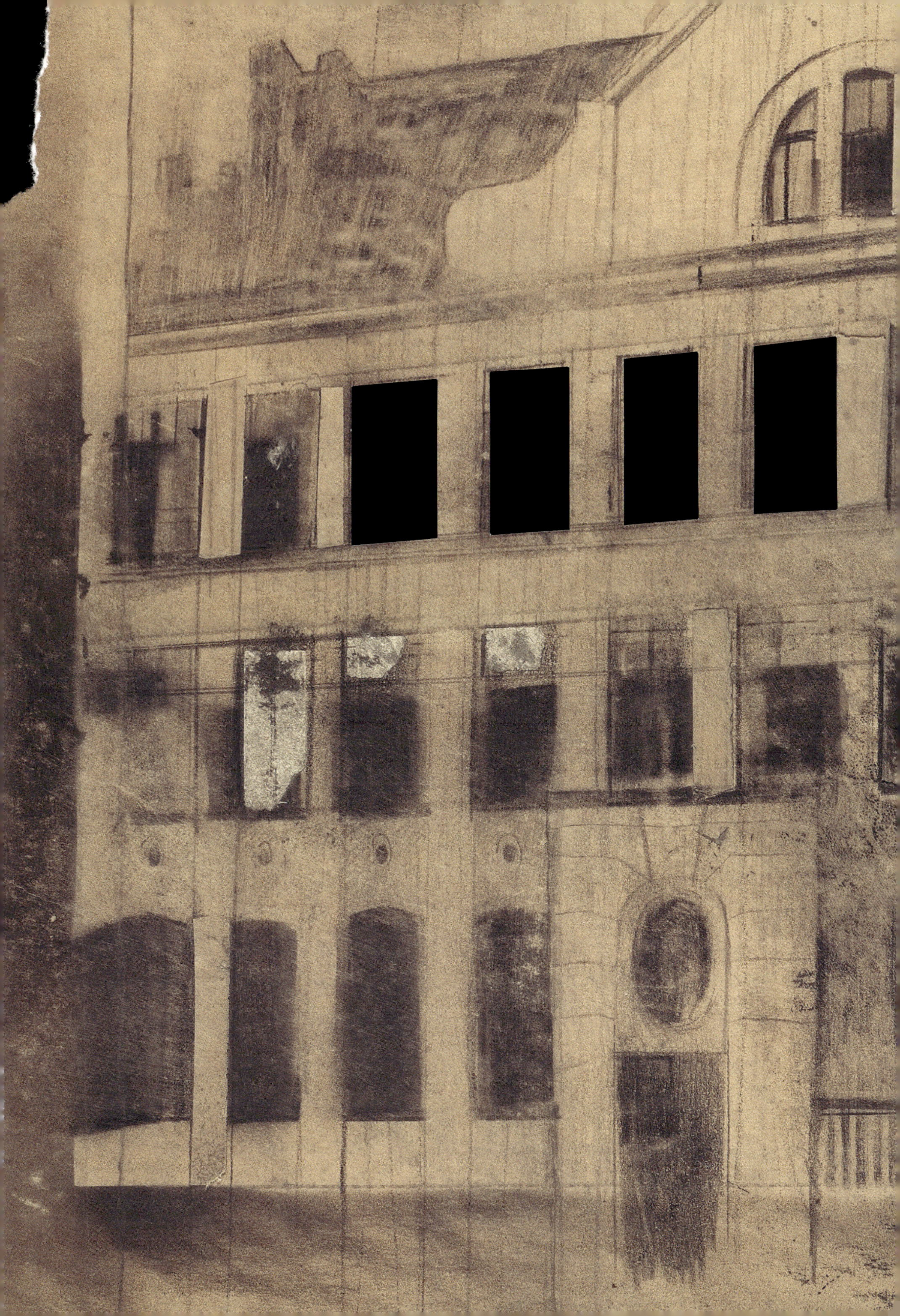

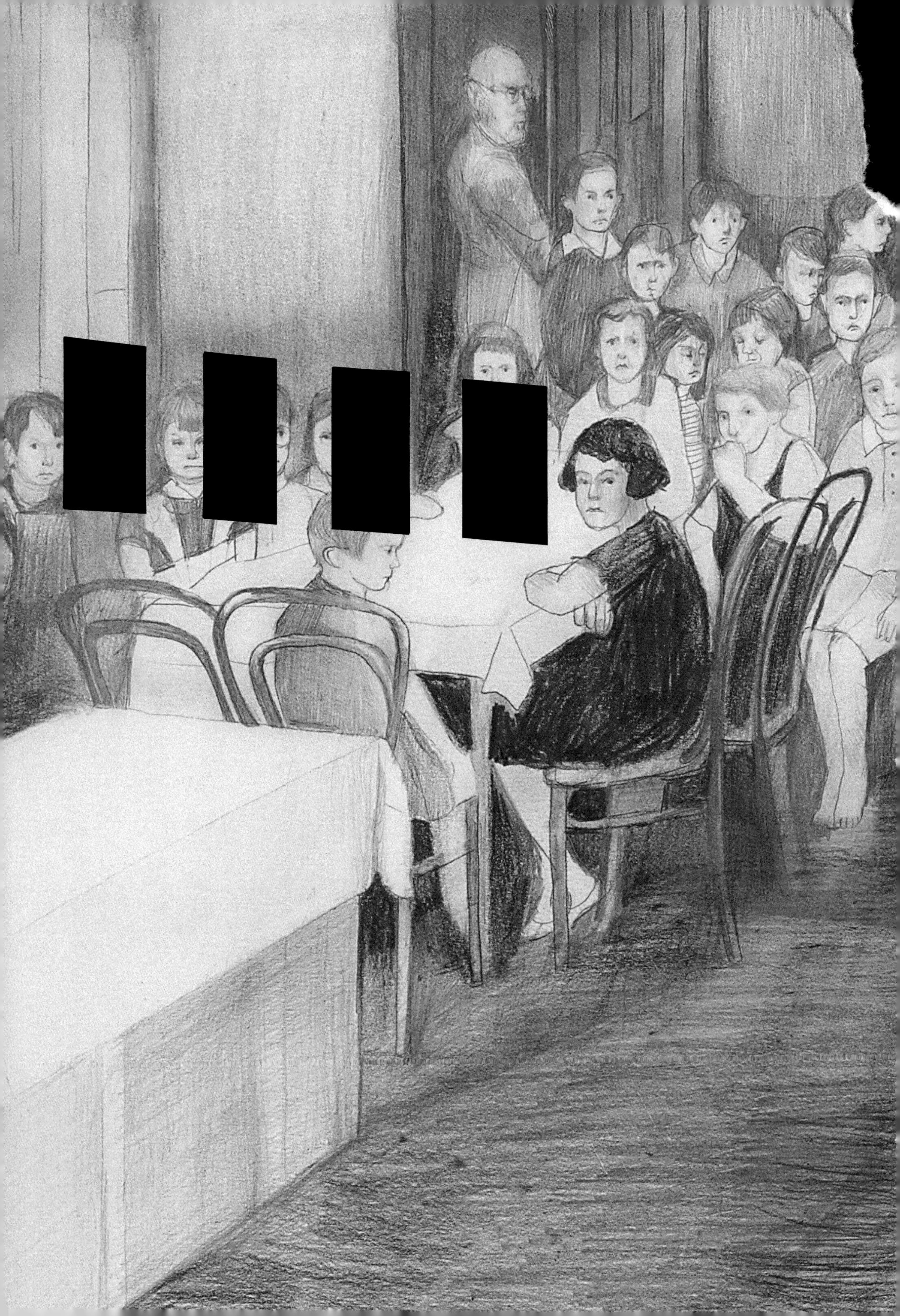

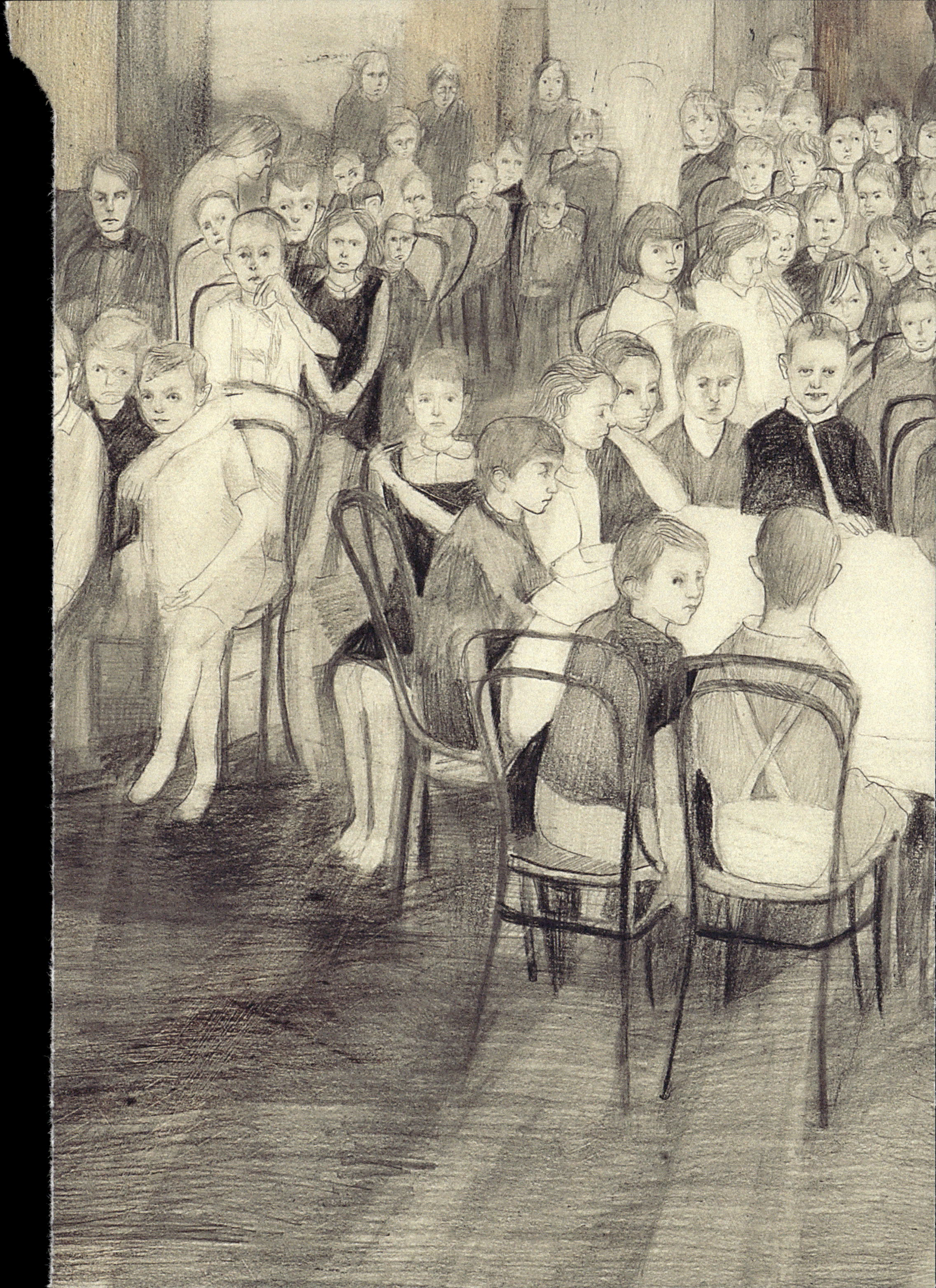

ul. Krochmalna

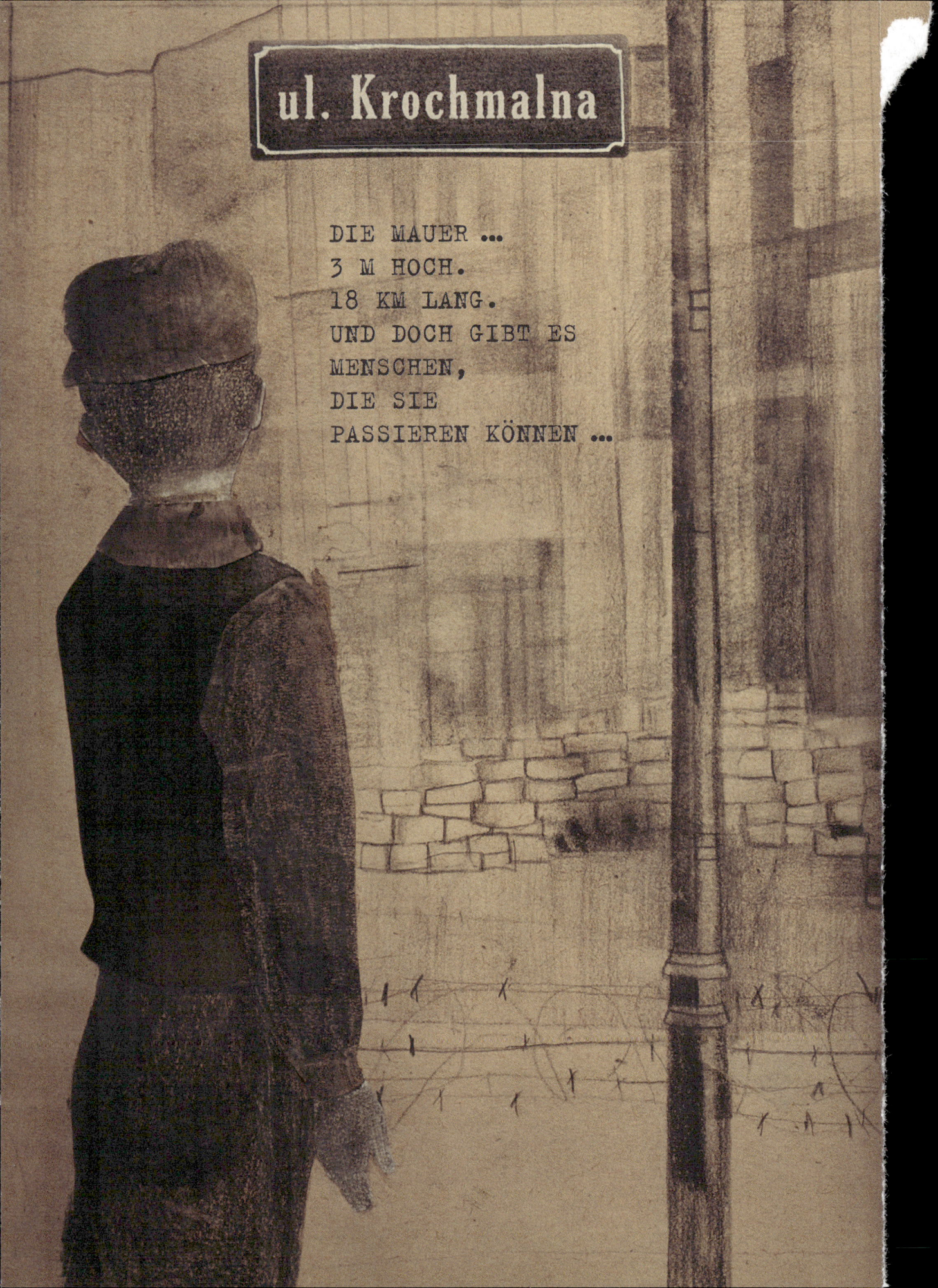

DIE MAUER ...
3 M HOCH.
18 KM LANG.
UND DOCH GIBT ES
MENSCHEN,
DIE SIE
PASSIEREN KÖNNEN ...

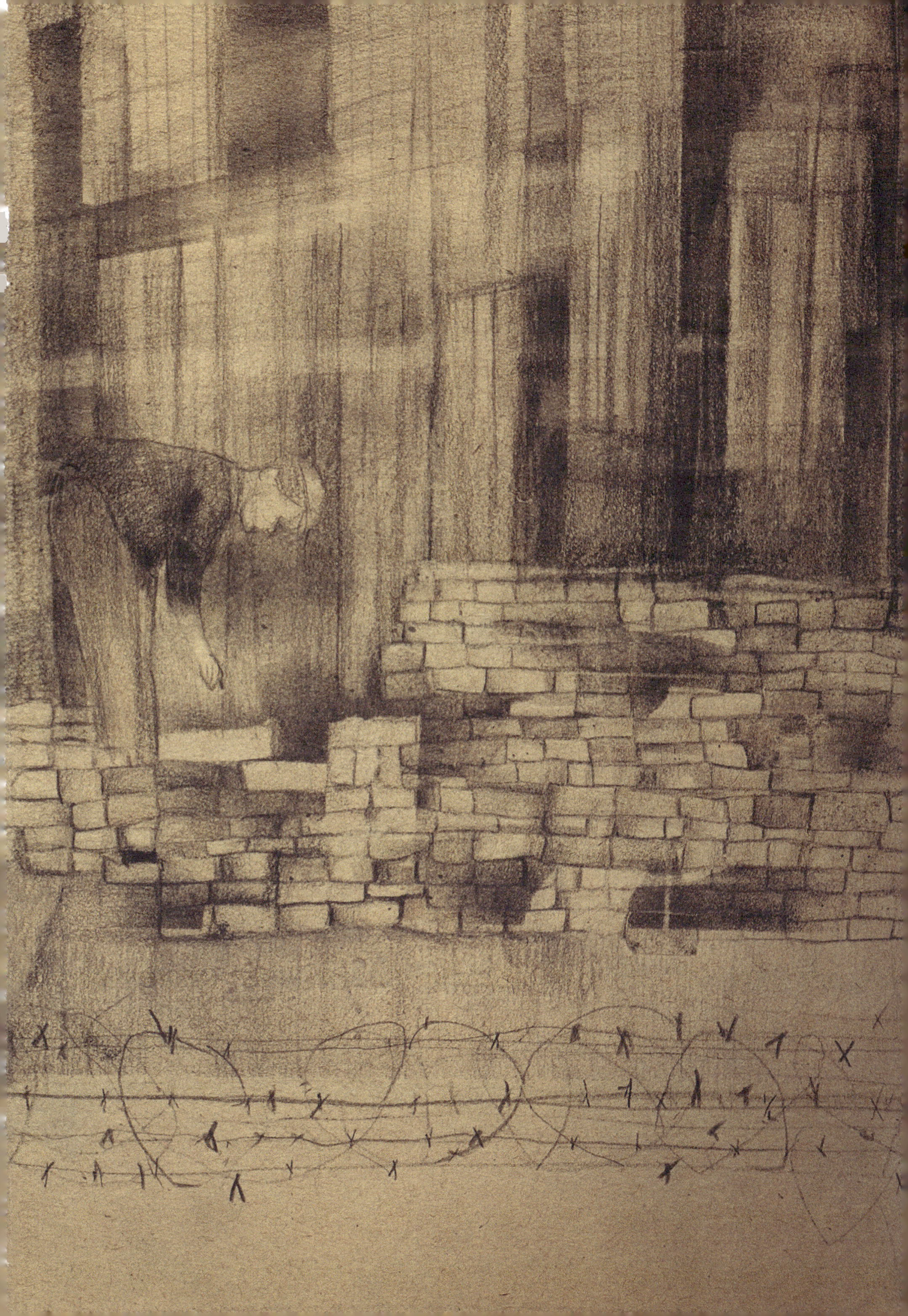

Lutek, der seine Geige
nie aus den Händen gibt.
Nicht einmal im Schlaf.

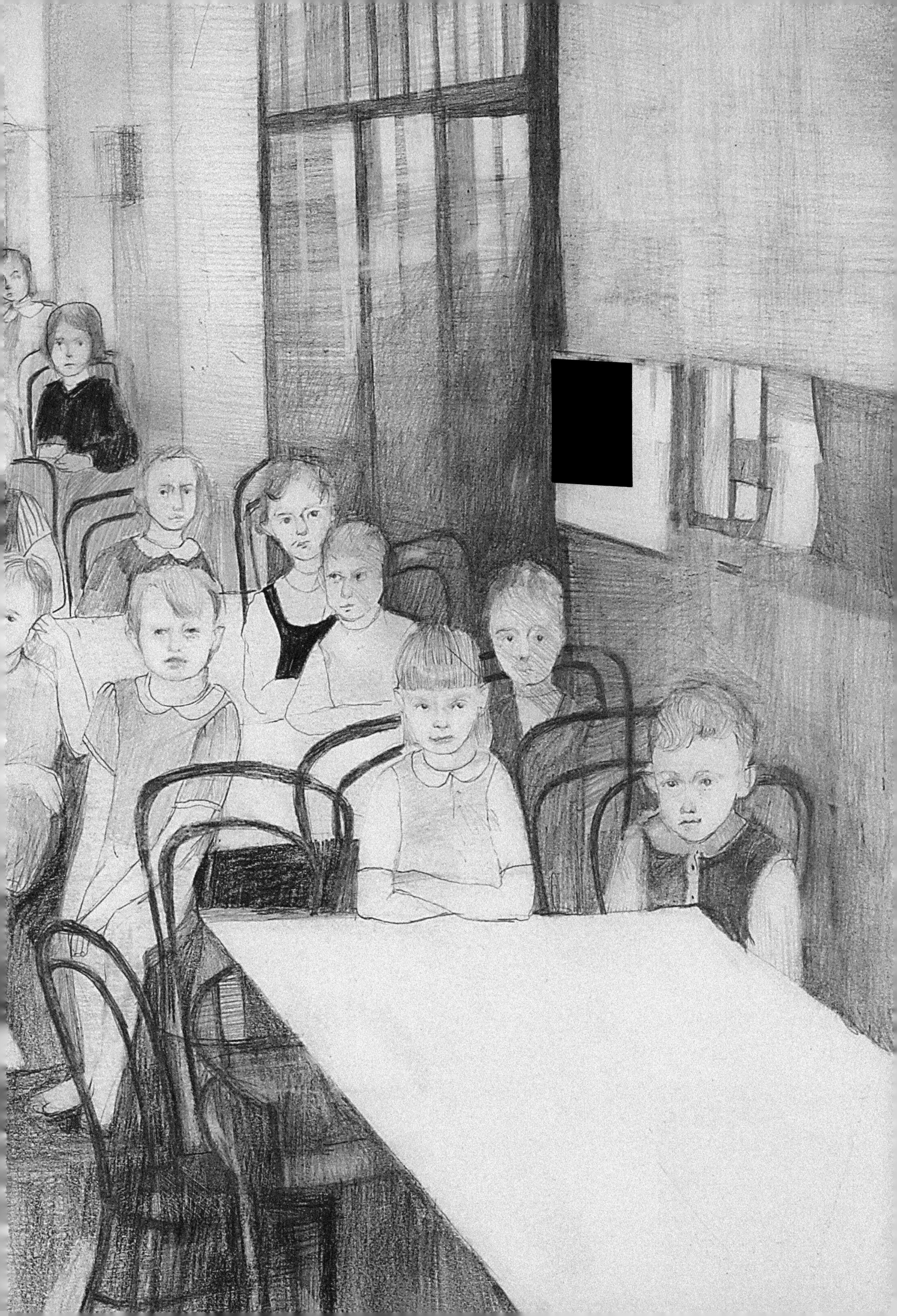

Unser weißes Haus.

Ein Junge sagte mir zum Abschied:
„Ohne dieses Heim wüsste ich nicht,
dass es auf der Welt ehrliche Menschen gibt
und dass man die Wahrheit sagen kann.
Ich wüsste nicht, dass es auf der Welt
gerechte Gesetze gibt."

Wie viele gebeugte Schultern hätte
dieses Haus aufrichten können,
wenn er nicht gekommen wäre.
Der September 1939. Und mit ihm …
Stacheldraht, Glassplitter,
Drohungen und Gewehre.
Um sie zu trennen. Ein für alle Mal.
Die Mojsches, Joshuas und Schmuls.
Die Józeks, Jasieks und Franeks.
Kinder einer Erde.

Erst heute früh sagte die kleine Hella:

„Ich bin Hella.
Ich bin ein Mensch.
Ich bin ein Mädchen.
Ich bin eine Tochter.
Ich bin eine Warschauerin.
Ich bin eine Polin.
Was ich nicht alles bin!?"

Große Aufregung.
Fräulein Esther hat uns ...
34 Blumen gebracht. Echte Blumen!
Eine Bekannte von Herrn Doktor –
sie wohnt auf der anderen Seite –
hat sie geschickt.

Ihre Knospen sind noch winzig klein.
Fräulein Esther meinte aber,
sie würden gar nicht so lange brauchen
und dass sie besonders dankbar seien
und pausenlos blühen würden.
Bis in den späten Herbst.
Als wir fertig waren und die Blumentöpfe
auf die Fensterbank gestellt hatten,
strahlte selbst unser Herr Doktor.
Er sagte, es sei schön zu wissen,
dass die Menschen drüben uns
nicht vergessen haben.

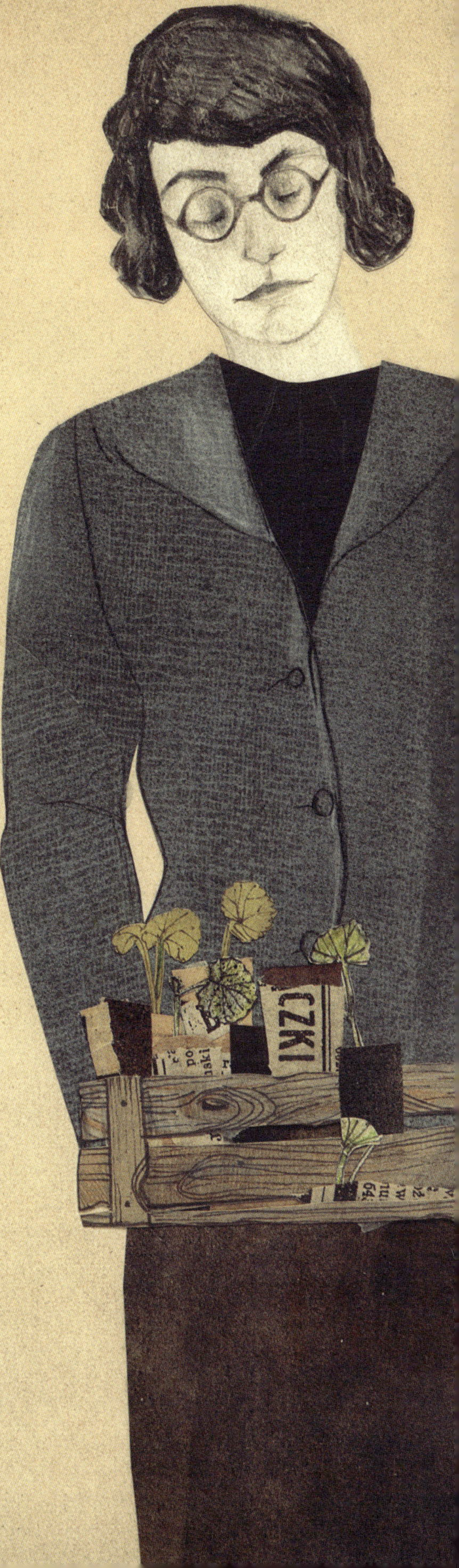

CZKI

Semi will einen Brief an den Herrn Pfarrer
schreiben und fragen, ob wir ab und zu
in seinen Garten dürfen. Es wäre zu schön ...
Ein Stück freier Himmel, Vögel ...
„Vögel!? Die gibt es hier nicht", sagt Zvi.
„Die kommen nur dorthin, wo es was
zu holen gibt."

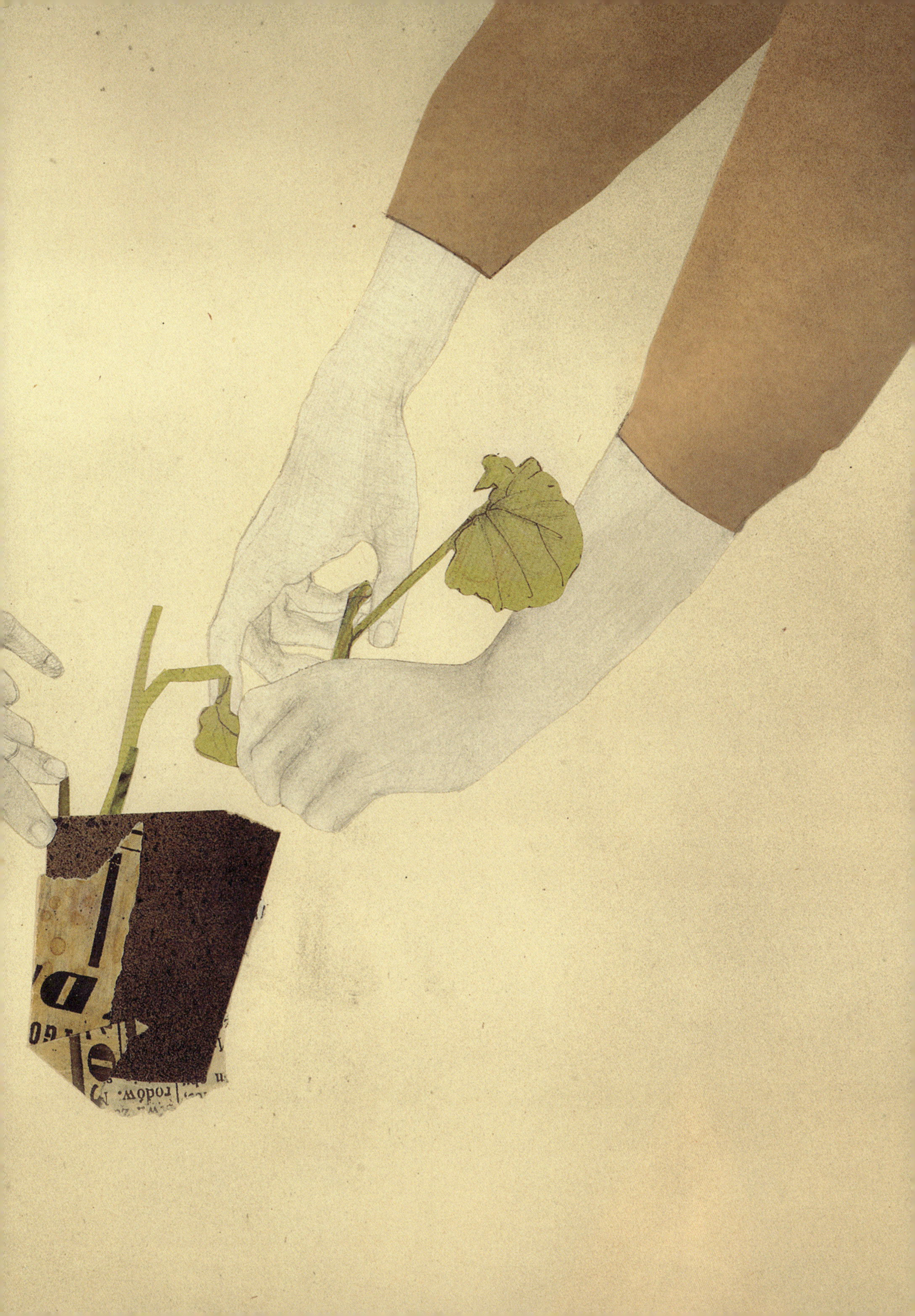

Tola war nicht einmal eine Woche bei uns,
als sie – ihre Augen voller Tränen –
an mein Bett kam: „Kiepura ist weg …"
„Wie, weg?" – „Ich war mit ihm eingeschlafen.
Als ich aufwachte, war er nicht mehr da."
Wir suchten überall. Alle, das ganze
Waisenhaus suchte. Vergeblich.
Es war nicht das erste Mal,
dass bei uns etwas verschwand …
Doch Kiepura war anders.
Er gab ein Lebenszeichen.

Es war eines Nachts,
als er plötzlich klingelte.
Tola schnellte auf,
sprang aus dem Bett
und war mit einem Satz bei Felunia.
„Gib her, du Kuh!", schrie sie.
Alle wurden wach.
Felunia saß auf dem Bett.
Ihre Augen so groß wie Untertassen.
„Gib ihr das Ding sofort zurück!",
befahl Chana.
„Schau mal, Genia", sagte Helcia,
auf Felunias Schachtel deutend,
„da ist das Foto von deiner Mutter
und Marcelis Schleuder."

Am nächsten Tag trafen wir uns am obersten Treppenabsatz.
Wir, das heißt Chana, Tola, Marceli und ich.
„Felunia", begann Chana, „es ist nicht das erste Mal …
Hast du uns etwas zu sagen?" Doch Felunia schwieg.
„Ich frage mich bloß", fuhr Chana fort,
„wozu du das Foto brauchst …"
„Weil sie eine diebische Elster ist", höhnte Marceli.
„Doch diesmal kommt sie vors Gericht."
„Gericht?", wiederholte Felunia.
„Ja, Gericht", lachte Marceli,
„und da bekommst du den Tausender." – „Tausender?"
„Du fliegst!" – „Fliegst!?", wiederholte Felunia.
„Paragraf 1000. Zurück in die Dzielna."
„Fliegen", „Dzielna" – das war Felunia zu viel.
Sie begann zu flennen:
„Das … das mit dem Foto … Ich wollte bloß …
ich wollte so … so eine Mama …"
„Und meine Schleuder?!", schrie Marceli.
„An wen hat die dich erinnert?"
„Marceli", sagte Chana, „mach nicht so einen Terz.
Der Herr Doktor, Frau Stefa … sie haben genug Sorgen.
Es reicht, wenn sie sich bei euch entschuldigt
und Besserung verspricht. Und dann ist es gut."
Doch Marceli war nicht umzustimmen:
„Die kommt in die Dzielna, zu dem ganzen Lumpenpack."
„In die Dzielna geht keiner", brummte eine Stimme.
Wir drehten uns um. Hinter uns stand der Herr Doktor.
„Und das mit dem Lumpenpack, mein lieber Marceli",
sagte der Herr Doktor, als wir die Treppe hinunterstiegen,
„das würde locker für einen Achttausender reichen.
Sagarmatha!"

Am gleichen Abend erzählte uns
der Herr Doktor eine Geschichte.
Eine wahre Geschichte.

„Ihr kennt doch alle das Haus in der Dzielna,
in dem Straßenkinder leben?
Die meisten von ihnen so krank und schwach,
dass sie das Bett nicht verlassen können.
Das Haus ist eng und stickig.
Der Tod — ein oft gesehener Gast.
Er geht ein und aus, ohne anzuklopfen.
Und doch begegnete ich dort
einem schönen kleinen Menschen,
dem Ehrlichsten unter den Ehrlichen ...
Ich weiß nicht, ob es ein Junge oder ein Mädchen war.
Ich kann mich weder an seinen Namen
noch an sein Gesicht erinnern.
Ich weiß nur, dass er noch klein war.
Ich machte gerade meinen Rundgang,
blieb plötzlich an einem Bett stehen.
Darin — regungslos — ein Kind.
Ich dachte, es sei krank ...
Nachdem ich mich aber etwas hinuntergebeugt hatte,
sah ich, dass es nicht mehr atmete.
In eben diesem Augenblick kam der-die Kleine
und legte auf das Kissen, neben den Toten,
eine Scheibe Brot: „Wieso tust du das?"
„Weil es seine Portion ist."
„Aber er lebt doch nicht mehr."
„Ich weiß." — „Wozu dann das Brot?"
„Weil es seine Portion ist", sagte der-die Kleine,
ungeduldig darüber, dass ich, der große Doktor,
eine so einfache Sache nicht begriff."

Es war eine „kleine"
Geschichte. Und doch ...
Am nächsten Morgen –
wir hatten gerade
unsere Portion erhalten –,
da stand Szymek auf,
ging zu dem kleinen Szmulik
und legte ihm auf den Teller
seine Scheibe Brot.

„Flink wie ein Hirsch" –
so beendet Zvi jede seiner Geschichten.
Und Geschichten erzählen – das kann er
wie kein anderer.

„Erzähl die mit Frankenstein", bittet Chaim.
„Also ... letzten Winter ...
Meine Mutter, meine Schwester und ich,
wir wohnten da noch in der Leszno-Straße.
Ihr kennt doch die Leszno-Straße?
Die Mauer dort ist auf der einen Seite aus Stein,
auf der anderen aus Holzlatten.
Wir kannten eine Stelle, wo es eine kleine Lücke gab,
durch die meine Mutter ihre Hände stecken konnte.
Ich kletterte an ihr hoch und sprang auf die andere Seite."
„Und die Wachen?", wundert sich Jerzyk.
„Ich wartete, bis gerade Autos vorbeifuhren,
Erst dann sprang ich, duckte mich
und flitzte zwischen den Wagen entlang,
damit *sie* mich nicht sahen.
Dann lief ich zum Markt,
kaufte ein paar Laibe Brot,
rannte zurück und warf sie rüber.
Meine Mutter verkaufte sie in der Smocza.
Brot holen, zurück zur Mauer, rüberwerfen ...
Den ganzen Tag ging das so.
Lief alles glatt, blieb am Abend
ein Laib Brot für uns drei.

Aber einmal wurde ich erwischt.
Von Frankenstein. Er schlug mich
und nahm mir mein ganzes Brot ab.
Und danach hatten wir kein Geld mehr
und ich musste betteln gehen."
„Schwein gehabt", sagt Jerzyk.
„Die Schmuggler,
die stecken sie doch in den Knast."
„Das wollte der auch", lacht Zvi,
„aber ich habe ihm in die Hand gebissen.
So fest, dass Blut nur so spritzte …"
„Frankenstein!? In die Hand gebissen!?
Du lügst!", protestiert Jerzyk.
„Willst du sehen?", lacht Zvi.
„Gib mal deine Hand."
Doch Jerzyk will nicht sehen.
„Jaaa … Und dann bin ich weggerannt.
Und ihr wisst, ich bin flink.
Flink wie ein Hirsch."

Der Tag beginnt mit der Waage.
Eine Stunde starker Emotionen.
Mit Wehmut betrachte ich die alten Tabellen,
als vor jeder Zahl noch ein Plus stand.
Und doch müssen wir dankbar sein
für das wenige, das wir haben ...
Frau Stefa, die Erzieher ...
sie versuchen ihr Bestes. Und dennoch ...

Dass der Krieg irgendwann zu Ende geht,
daran scheint hier keiner so recht zu glauben.
Die Kinder erinnern sich an das Leben früher
nur schwach, wenn überhaupt,
und können es sich kaum vorstellen,
eines Tages erwachsen zu sein ...

Erst neulich musste einer
dem kleinen Mendelek erklären,
was ein Tannenzapfen ist.
Er hat nie einen gesehen.

Einige — es sind an die fünfzehn —
führen neuerdings ein Tagebuch.
Hin und wieder lassen sie mich
über die Schulter schauen,
damit ich, der große Doktor,
an ihren Erlebnissen teilhabe.
Es ist nicht immer leicht,
den schmerzlichen Ernst
dieser Texte zu ertragen.
Und doch weiß ich,
was mir fehlen würde,
hätten sie nicht aufgeschrieben,
was sie sahen und hörten und dachten
und an was sie sich erinnern.

Frau Stefa.

Der Tag, sagt sie,
habe 100 Taschen,
wenn man viel
hineinzustecken hat.
Doch ich fürchte,
in ihren Taschen
würden wir nichts
als Arbeit finden.
Sie hätte es einfacher
haben können.
Drüben, in Palästina.
Doch sie kam zurück.
Weil sie, wie sie sagte,
ohne ihre Kinder
nicht sein konnte.

„16,5 Kilo."
„Und groß?"
„Groß …
ein Meter zwei"
„Oje …
Jakub sagte,
wenn ich
so klein bleibe,
dann komme ich
nach Liliput …
Ich will aber
nicht weg,
will bei euch
bleiben."

Es ist ein schöner Tag.
Fräulein Esther hat das Fenster
einen Spaltbreit geöffnet.
Ich habe meinen Stuhl
nah herangerückt,
so dass ich der Musik,
die von unten heraufdringt,
lauschen kann ...

Kinderjorn, sisse kinderjorn
Ejbik blajbt ir wach in majn sikorn ...

Ich sitze hinter dem Vorhang,
blicke auf die Straße.
Kaum Passanten.
Nur ein Wachmann, der drüben,
auf der anderen Straßenseite,
auf und ab geht ...

... *Junge schejne Blumen ... Blumen ...*
Ein, zwei Knospen sind vertrocknet.
Moniuś hatte vergessen, sie zu gießen ...
Er machte sich jetzt große Vorwürfe.
Doch sie erholen sich langsam ...

In der „stillen" Ecke
wird ein Platz frei.
Ich wechsle dahin,
lege *sie* vorsichtig
auf den Tisch,
löse die Schnur ...

Pamiętnik

ABC
NOWINY CODZIENNE

Ein Sonntagsspaziergang …
Ich an Papas Hand …
Mein Bruder Aaron.
Mein Tagebuch. Und *sie* …

„Sie ist wunderschön", lächelt Fräulein Esther.
„Ich habe sie gesehen." – „Wen?"
„Loda." – „Loda Halama?"
„Ich war noch klein. Meine Eltern ...
Sie nahmen mich mit ins Theater.
Und da habe ich sie gesehen ...
Sie tanzte ... Keine tanzt so schön wie sie ..."
„O doch!", protestiert Fräulein Esther.
„Ordonka, Mannówna, Nowicka ...
Sie alle tanzen göttlich ..."
„Ich wünschte, ich könnte so tanzen ..."
„Daran ließe sich arbeiten.
Alles, was man dazu braucht,
sind zwei gesunde Beine, etwas Begabung
und viel Fleiß", lächelt Fräulein Esther,
um nach kurzer Pause hinzuzufügen:
„Schade nur, dass wir hier so wenig
Platz haben. Sonst könnte ich dir ..."
„Machst du mir eine Schleife?",
drängt sich Tola dazwischen,
untröstlich wie jeden Samstag,
wenn die anderen Besuch bekommen ...
„Deine Tante ... Sie kann nicht, sie muss ..."
„Muss, muss", meckert Tola.
„Chana, Zvi ... sie bekommen Besuch ..."
„Schau, Tola. Ich bekomme keinen",
sage ich und lege sie –
einen nach dem anderen –
in die Schachtel: Mama, Papa, Aaron ...
Meine papierene Familie.

Nr. 253

ABC — NOWINY CODZIENNE

WRZESIEŃ
1
PIĄTEK

SŁOŃCE
Wschód 4-46 Zachód 18-26
KSIĘŻYC
Wschód 19-0 Zachód 7-26
Dł. dnia 13-40 Ubyło 3-6

Dziś: św. Bronisławy
Jutro: św. Stefana kr.

Stolica gotuje się do wojny
Kopanie rowów na ukończeniu
Kobiety w szeregach armii pomocniczej

Od chwili, kiedy na murach stolicy ukazały się obwieszczenia mobilizacyjne, Warszawę opanował nastrój podniosły i radosny.

Wzmożony ruch uliczny wskazywał wyraźnie, gdzie leży punkt zainteresowań. W sklepach z artykułami do obrony przeciwlotniczej, składach papieru i aptekach zaobserwować można było licznych klientów. Szary tłum uliczny przetykany był gęsto zielenią żołnierskich mundurów.

Okres przygotowań obok odnośnych zarządzeń władz zdradzają również osłonione ciemnym papierem latarnie aut oraz lampy w tramwajach i maski u boku konduktorów.

Akcja kopania rowów tak entuzjastycznie podjęta przez wszystkich obywateli, dała doskonałe rezultaty. Jak nas informują, dotychczas wykopano wspólnym wysiłkiem wszystkich warstw społeczeństwa ok. 125 km. rowów. Ponieważ projektowana ich długość wynosi 150 km., możliwe jest, że już w najbliższych dniach nastąpi całkowite zakończenie tych prac.

Wobec nowych zarządzeń obronnych, szczególnie potrzebna do zorganizowania życia gospodarczego w zmienionych warunkach,

stała się pomoc kobiet. Akcję pomocniczą kobiet zajmuje się P. W. K., które ostatnio pod hasłem „żołnierze dają krew dla Ojczyzny, kobiety krew dla żołnierzy" zapoczątkowało utworzenie ośrodka krwiodawczego. W związku z tym zobowiązuje wszystkie swoje członkinie oraz prosi kobiety nie zorganizowane od 20 do 40 lat, by zgłaszały się do próbnych badań, mających stwierdzić grupę krwi. Ośrodek badania i rejestracji otwiera swoje podwoje już w dn. 5 września i urzędował będzie we wtorki, czwartki i soboty (godz. 17—19) w ambulatorium kliniki

dziecięcej, Marszałkowska 24.

Polski Czerwony Krzyż obok akcji ratowniczo - sanitarnej zajmie się roztoczeniem opieki nad żołnierzem walczącym oraz wszystkimi, którzy z nim współdziałają. W tym celu postanowił zorganizować specjalne punkty odżywcze. Dla umożliwienia, jak najszerszej ich działalności, P. C. K. zwraca się do firm produkujących i wytwarzających artykuły spożywcze o składanie datków w naturze (mleko, kawa, herbata, cukier, kasze, ryż, mąka, kartofle, jarzyny twarde, papierosy, mydło). Dary należy kierować do okręgu stołecznego P. C. K. ulica Trębacka 11 m. 12, tel. 505-29 i 226-85.

Nie wątpimy, że wysiłki organizacji kobiecych znajdą głęboki oddźwięk w społeczeństwie i dzięki temu zdołają otoczyć armię, która jest dziś główną ostoją naszej potęgi, w szeregach której znajdują się nasi synowie i nasi bracia, atmosferą serdecznej życzliwości, rodzinom zaś żołnierzy pośpieszą z wydatną pomocą, aby odciążyć walczących od troski o ich najbliższych.

- (żoni)

Nie wolno podwyższać cen
bez zgody władz centralnych
Zarządzenie Min. Rolnictwa

[teksty częściowo zasłonięte]

Likwidacja przechowalni bagażu
na dworcach kolejowych

Dyrekcja Okręgowa Kolei Państwowych w Warszawie podaje do wiadomości, że zarządzono likwidację wszystkich przechowalni bagażu ręcznego, znajdujących się w pomieszczeniach kolejowych, na stacjach i pociągach.

W interesie podróżnych leży jaknajspieszniejsze odebranie pozostawionego w przechowalniach bagażu. W razie nie odebrania w najbliższych dniach może to narazić właścicieli na zwłokę w odbiorze bagażu.

Cofnąć wymówienia umów o...

Poszczególne Izby Przemysłowo-Handlowe zwróciły się do organizacji kupieckich i przemysłowych z apelem o toźsamość wymówień w biurach, przedsiębiorstwach i sklepach zarówno w stosunku do pracowników umysłowych jak i fizycznych.

Wobec wyjątkowej powagi chwili nie powinien nikt, kto nie wstąpił jeszcze w szeregi pozostawać w sytuacji pozbawiającej go możności zarobkowania.

W żadnym wypadku nie wolno zwolnić z pracy kobiet, których ojców, mężów, synów, braci czy narzeczonych powołano do wojska. Kobiety najczęściej zostały jedynymi żywicielkami rodziny.

Odwołanie
ruchu dalek...

Dyrekcja Okręgowa Kolei Państwowych w Warszawie, podaje do wiadomości, że z dniem 29.8. r. b. wstrzymuje się aż do odwołania kursowanie niżej wymienionych pociągów:

1) Nr. L. 1301 odchodzącego z Warszawy Głównej o godz. 13. 16 i pociąg Nr. L. 1302 przychodzący do Warszawy Głównej o godz. 16 m. 34 komunikacji Warszawa — Paryż — Calais — Ostende.
2) Nr. 413 odchodzącego z Warszawy Głównej o godz. 11.00 i pociąg Nr. 414 przychodzący do Warszawy Głównej o godz. 21 m. 06 komunikacji Warszawa — Hel, przy czym pociąg Nr. 414 po raz ostatni przyjdzie w dniu 29.8. r. b.

Nie wolno wyjeżdżać bez pozwolenia

Rozkład jazdy [...]

TEATRY

[...] Nieczynny
[...] „Wesele Fonsia"
[...] W próbach „Baba"
[...] G. B. Shaw'a
[...] publiczne
[...] najbliżej malowa-
[...]

KINA

informacje o filmach dozwolonych dla młodzieży tel. 7.11-25.
HOLLYWOOD: „Król Cyganów"
ITALIA: „Blagier"
[...] nieczynne
LOT: „W ogniu pocisków" i „Prawdziwy przyjaciel"
KOMETA: „Nieustraszony" i rewia
MARS: „Drapieżne maleństwo"
KINO MIEJSKIE (Hipoteczna 8): „Listy z pola bitwy"
NAPOLEON: „Szyfr 413"
OLZA: „Paryżanka" i „Prawda o miłości"
KINO PARAFII ŚW. ANDRZEJA: „Dzisiejsze czasy"
PARAFII ŚW. AUGUSTYNA: „Pasażerka na gapę"
PANORAMA II (Nowy Świat 27): Grecja i Groty podziemne w Eyzies
PRAGA: „Kapitan Benoit" i „Czr..."

HOLLYWOOD pocz. s.
[KRÓL CYGANÓW] MOJICĄ

[...] WYBITNEJ
[...] SKICH STO...

A jednak u nas naj[...]

Ordonówna, Chór Dana, Bodo, [W]alter, Parnell, [...]murkowska, [...]f, Koszutski, [...] Zajnówna, [...] Parnella.

*Loda.
Loda Halama.
Keine tanzt
so schön
wie sie...*

Auch ich habe eine Schatzkiste. Darin —
auf einem Stapel aus Erinnerungen,
alten Fotos und Briefen —
ein Siddur, den mir einst
meine Großmutter Mila schenkte.

Als sie ihn mir gab, sagte sie noch,
ich solle nie vergessen,
dass es nicht der Himmel ist,
der sich zu uns herunterneigt.
Wir selbst müssten uns zu ihm erheben.
Auf den Flügeln des Gebets.

Doch gibt es ihn noch? Den Himmel?
Und wenn ja: Ist er vielleicht verlassen?
Wo bleiben denn Seine Engelscharen?
Der Donner, der die Unrechten straft?

    Jeden Morgen,
    in unserer „stillen" Ecke —
    zwanzig, dreißig Kinder.
    Sie alle wollen beten.
    Der eine, weil ihn das Gebet
    ans Zuhause erinnert,
    an den Besuch der Synagoge,
    die Liebkosungen der Mutter,
    den Tscholent ... Ein anderer,
    weil er mit dem Kaddisch
    seines Vaters gedenken möchte.
    Und wiederum ein anderer, weil er
    in dem Gedanken Trost findet,
    dass Gott Vater,
    Vater von uns allen ist,
    also auch seiner.
    Sie alle haben ihre Gründe.

Morgengebet

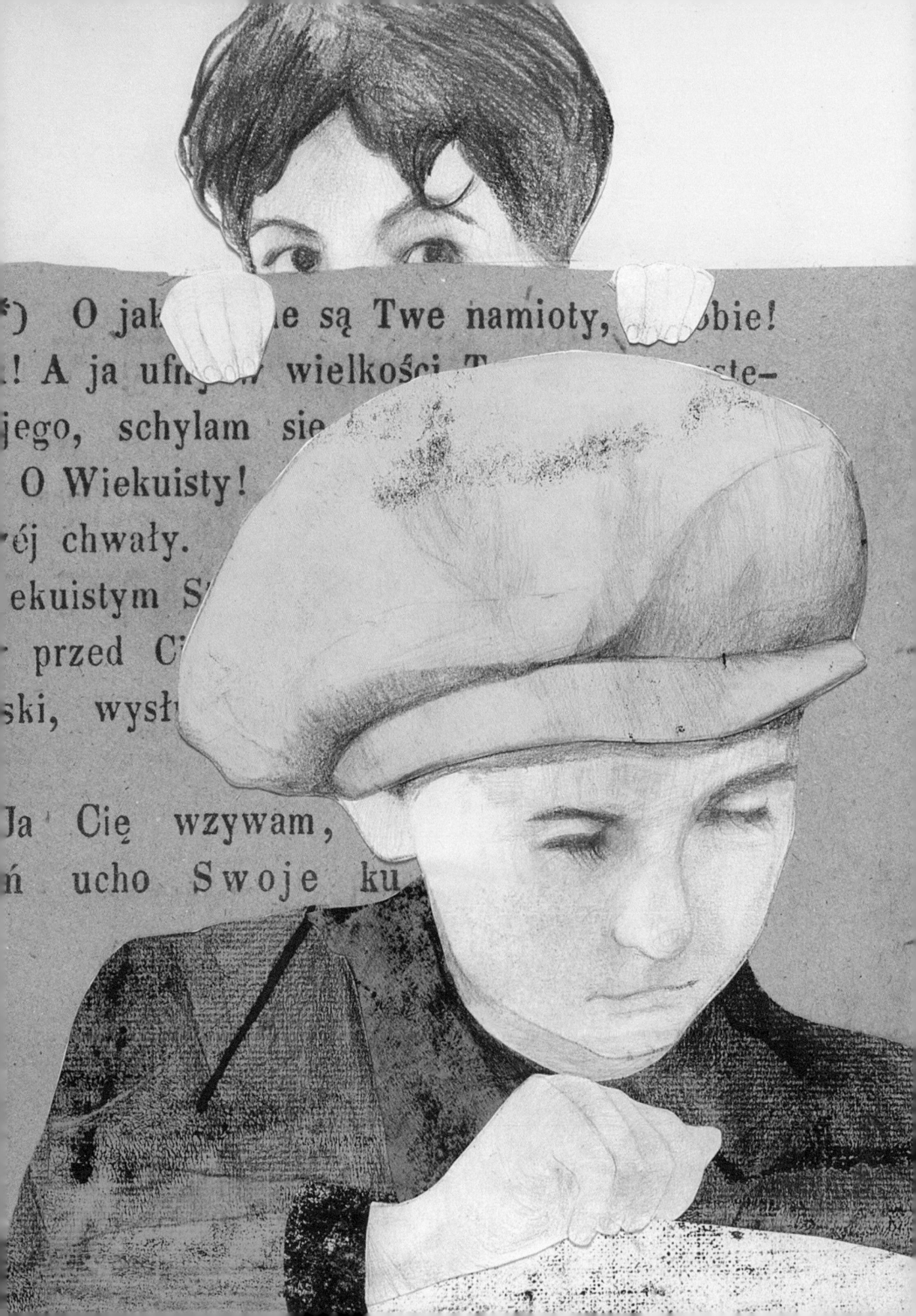

*) O jak ja... ...e są Twe namioty, ...obie!
... A ja ufn... w wielkości T... ...ste-
...jego, schylam się ...
O Wiekuisty!
...ej chwały.
...ekuistym S...
... przed Ci...
...ski, wysł...
Ja Cię wzywam,
...ń ucho Swoje ku

כשנכנס לבית הכנסת יאמר

יַעֲקֹב
חַסְדְּךָ
אֹתָךְ
אֲנִי אֶשְׁתַּחֲוֶה
תְפִלָּתִי לְךָ
בֶּאֱמֶת יִשְׁעֶךָ
כִּי־תָּו

Früher, ich meine, als wir noch
in der Krochmalna lebten,
durften wir einmal im Jahr ausschlafen.
Irgendwann nach Chanukka
sagte der Herr Doktor:
„Wer morgen im Bett bleiben will,
der möge es tun.
Der kürzeste Tag des Jahres ...
Es lohnt nicht aufzustehen ..."

Gestern, als er sagte, wir könnten
einmal ausschlafen, meinte Jerzyk:
„Oje, morgen wird's nicht viel
zu futtern geben ..."
Er hatte recht: Als ich heute früh
in unsere Essecke kam,
stand am Schwarzen Brett:
„Zwei Scheiben Brot".
Zwei Scheiben für den ganzen Tag ...
Später, nach dem Essen, schimpfte
Frau Stefa mit dem Herrn Doktor,
weil er wieder einmal seine Portion
der kleinen Helcia gegeben hatte.
Er sagte, er habe keinen Hunger ...

Viele sind jetzt krank.
Husten, Fieber ... Es geht reihum.
Erst Chana, dann Tola, dann Felunia ...
Felunia liegt jetzt im Isolationszimmer.
Der Herr Doktor schien ganz besorgt,
als er sie heute früh abhorchte.
Er will schauen, ob er auf dem Markt
Zwiebeln und etwas Zucker bekommt,
für den Hustensirup.

Vater unser,
der Du bist im Himmel ...
Hunger und des Menschen Leid
haben dieses Gebet gemeißelt.
Unser tägliches Brot.
Brot ...

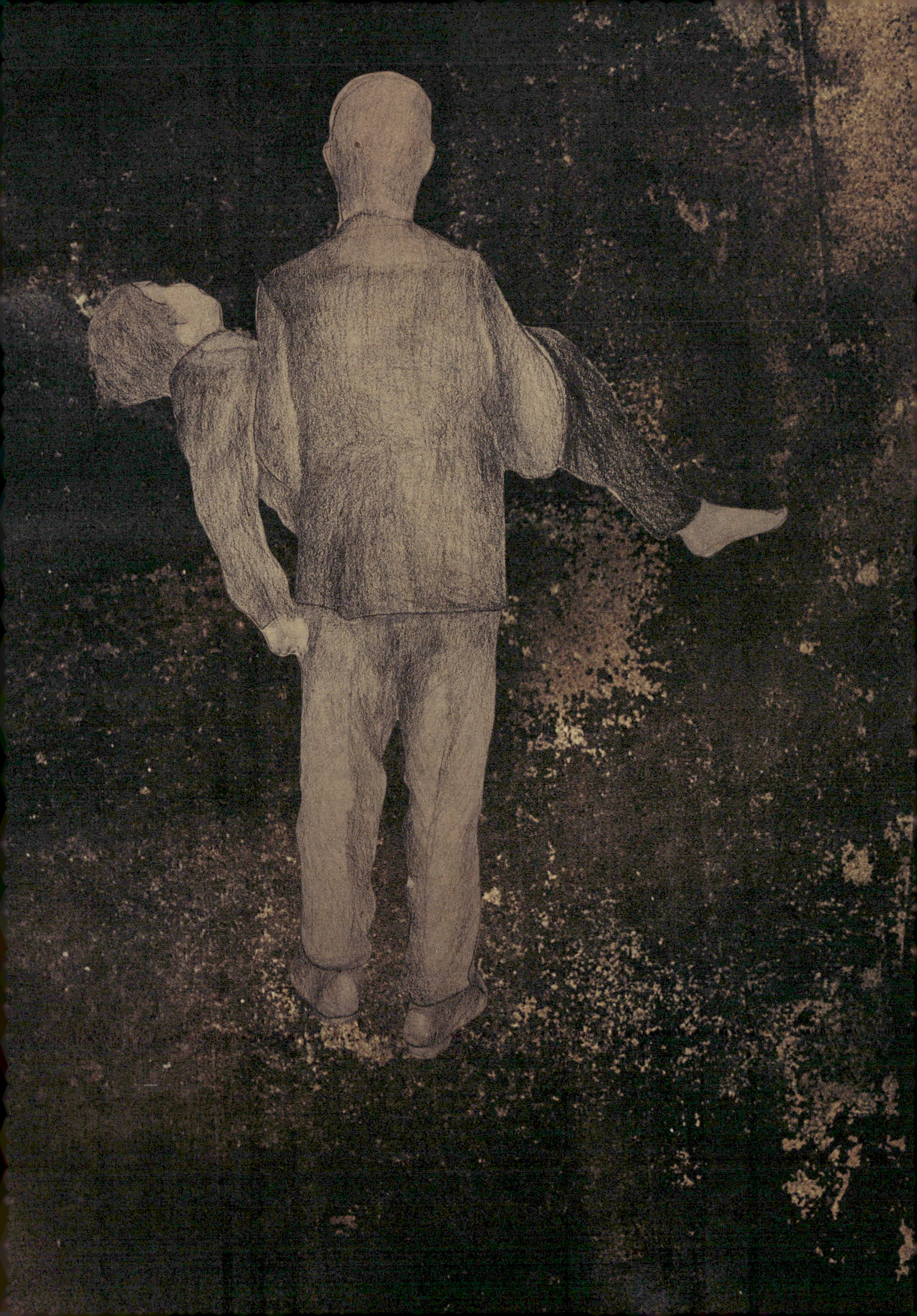

Ich laufe durch die Smocza.
Kurz vor der Gęsia,
dort, wo die Marktstände enden,
bleibe ich stehen.
Ich blicke auf den Bürgersteig.
Ich erinnere mich …
Es war letzten Winter.
Es war wie immer …

Menschen, wohin man auch blickt.
Sie streiten über Preise.
Sie preisen ihre Ware an.
Kartoffeln, Zigaretten,
Kleidung, Bonbons …
Prima sorte.

Ein paar Schritte weiter,
in aller Stille
liegt ein Junge
auf weißem,
auf blütenweißem Schnee.
Über ihn gebeugt – eine Frau.
Flüsterte sie nicht,
könnte man denken,
sie sei aus Stein.

„Helft, gute Menschen, helft …"
Vier einfache Wörter.
Wie oft hat sie sie wohl
an diesem Morgen wiederholt?

Die Menschen gehen vorbei.
Keiner hilft.
Sie tun nichts Schlimmes.
Denn ihm ist nicht mehr zu helfen.
Der Junge liegt da.
Sein Mund – leicht geöffnet.
Als wenn er lächeln würde …
In einem seiner Augen –
kaum sichtbar – ein Funken.
Ein kleiner Stern,
der kleinste aller
denkbaren Sterne.

Drei Tage lag *sie* mit Fieber im Bett.
Heute geht es ihr ein wenig besser.
Sie sitzt im Bett und wartet.
Wartet, dass ich ihr etwas erzähle.
„Was habt ihr heute gelernt?"
„Polnisch, Hebräisch, Rechnen.
Mendelek malte seine Löwen.
Das Übliche ..." – „Und Felunia?"
„Der geht's besser. Sie schläft jetzt.
Soll ich dir etwas vorlesen?"
Sie nickt. Ich hole das Buch
(das mit den Märchen, das sie so gern hat),
setze mich an ihr Bett, schlage es auf,
als plötzlich Fräulein Esther
an Tolas Bett kommt.
„Aber Mademoiselle", sagt sie,
„wir sind noch nicht frisiert!?
Das geht aber nicht ..."

Fräulein Esther.

Sie sagte einmal,
sie wolle ein schönes Leben,
weder lustig noch leicht.
Helfen, nützen,
für die anderen da sein.
Es scheint, als ob sie
mit ihrem Lächeln
sagen wollte: Schön ist,
was über die eigenen
Kräfte hinausgeht.

Heute Abend —
ich saß noch an meinen Tabellen —,
da klopfte sie schüchtern an meine Tür.
Sie hielt ein kleines Buch in ihren Händen.

„Herr Doktor, ich hoffe, ich störe Sie nicht."
„Aber nein, kommen Sie herein."
„Es geht um ein Theaterstück."
„Theaterstück?"
„Die Kinder brauchen Ermutigung.
Sie schleichen herum, sind apathisch …
„In der Tat … Unser Waisenhaus
ähnelt immer mehr einem Altenheim.
Aber erzählen Sie von Ihrer Idee …"

„Ich kenne da ein Theaterstück,
das den Kindern vielleicht
ein wenig Hoffnung machen könnte.
Ein Märchen aus Indien.
Wir könnten es aufführen.
Ich weiß, es lastet so vieles
auf Ihren Schultern.
Sie müssen nicht sofort entscheiden.
Ich werde es Ihnen dalassen."

Sie legte das Buch auf meinen Nachtschrank,
lächelte kurz und verschwand.
Ich kehrte wieder zu meinen Tabellen zurück.
Doch durch den Kopf gingen mir andere Fragen.

Vielleicht hatte sie recht?
Vielleicht konnte nur ein Märchen
dem Leben noch einen Sinn geben
und die Kinder auf die lange,
ferne und gefährliche Reise
vorbereiten.

Stein Hans 8
Stein Erich 7
Wapnick Jakob 5
Elie 8
Scharlotte 12
Rosenthal Senda 13
Inge 11
Ruth 1
Manfred 4
Lehmann Helga 11
Renate 9
Steinhardt Margot 4
Cohn Rudolf 11¼
Hähnlein Rosa 10
Hähnlein Heinrich 13
Ruth 10
Günther 13
Freundlich Eva 11
Harald 9
Wolfgang 10
Friedmann Lea 11
Sondheim Helmut 9
Wolfgang 9
David 12

Drei Uhr.
In dreieinhalb Stunden aufstehen.
Ich lege das Heft zur Seite,
lösche die Karbidlampe.
Schade ... Nur noch ein paar Minuten
ihren Atemzügen lauschen ...

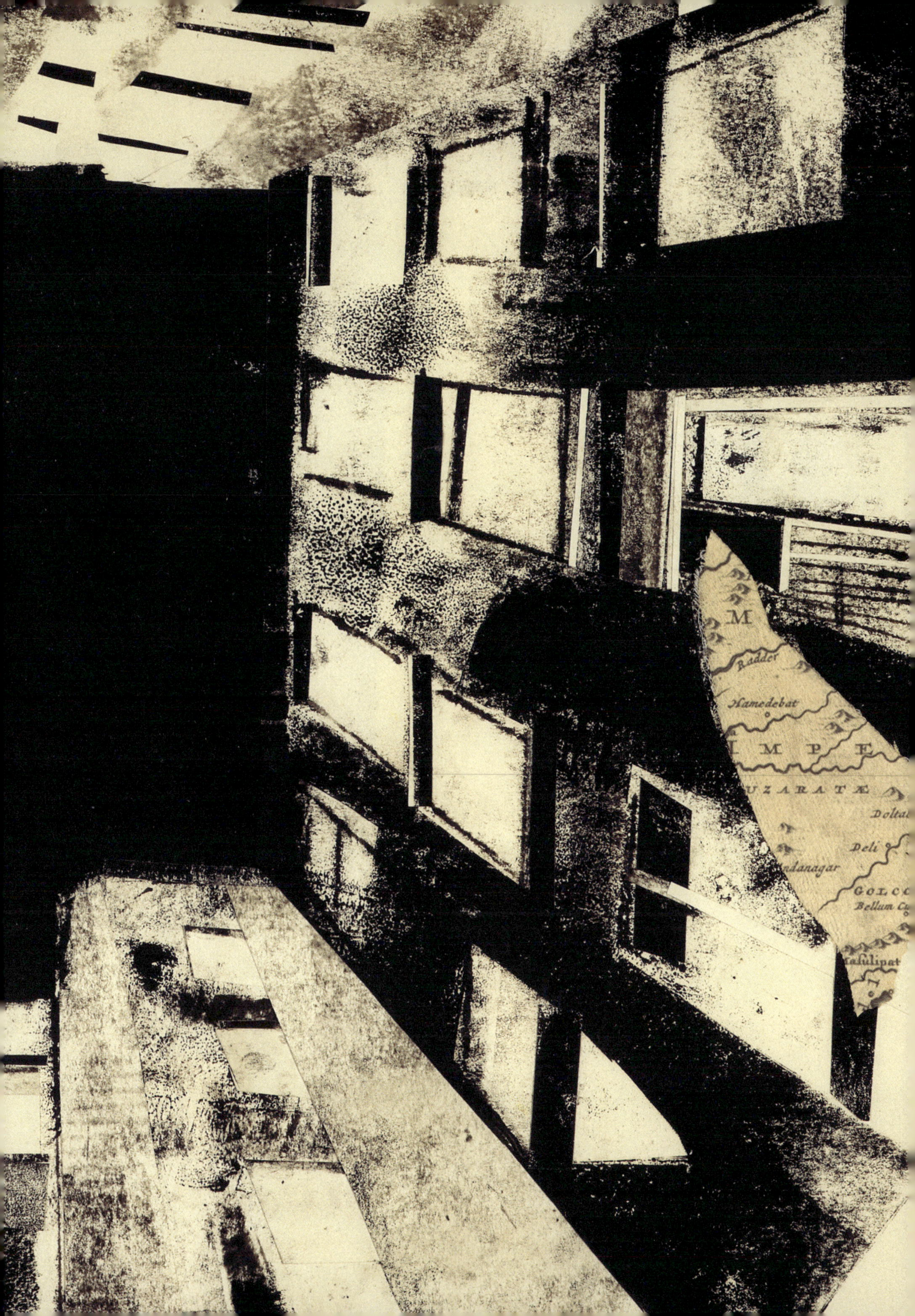
M
Radder
Hamedebat
I M P E
UZARATÆ
Deli
GOLCO

Agra
Asmere
MAGNI
MOGO
IMPERIUM
Hamedebat
Rantipore
Brampore
Cambaya
GUZARATE
Surate
Doltabad
Orixa
Deli
Golconda
GOLCONDÆ REGN
Bellum Canda
Candapoly
Chaul
Dabul
Visapour
DECAN
Masulipatan
Goa
Bisnagar
Narsinga
BISNAGARLÆ
Palliacatte
S. Thomas
REGN.
Cananor
Calicut
Trangabay
Cochin
Madure
Patana
Rodas
GOLFO
SIAM
Candoor
William Methold

Am Anfang träumte ich noch gar nicht.
Ich spürte nur, dass ich ...
fahre oder fliege, schwimme oder renne,
dass ich ... weder im Bett
noch in dem Haus in der Śliska,
weder in Warschau noch in Gocławek,
dass ich in einem fernen Land bin ...

Ich stehe auf einer breiten Straße,
sehe das Meer. Es ist sehr heiß.
Um mich herum —
merkwürdig gekleidete Menschen.
Zu Fuß und auf Zweispannern
und auf Elefanten. Ja, auf Elefanten.
Ich frage: „Was ist das für ein Land?"
„Indien."
Ja, Indien. Ein fernes, heißes Land.
Alt und sagenumwoben ...

Und nun näherte sich mir
ein schöner alter Mann
mit einem langen weißen Bart,
gutmütigen Augen
und der Stirn eines Denkers.
Mir schien, als ob ich
ihn bereits kannte,
ihn irgendwo schon einmal
gesehen hätte ...

Dann geschah etwas Sonderbares,
etwas, das im Traum oft passiert:
Der Fremde lud mich ein.
Er zeigte mir eine Schule.
Seine Schule.

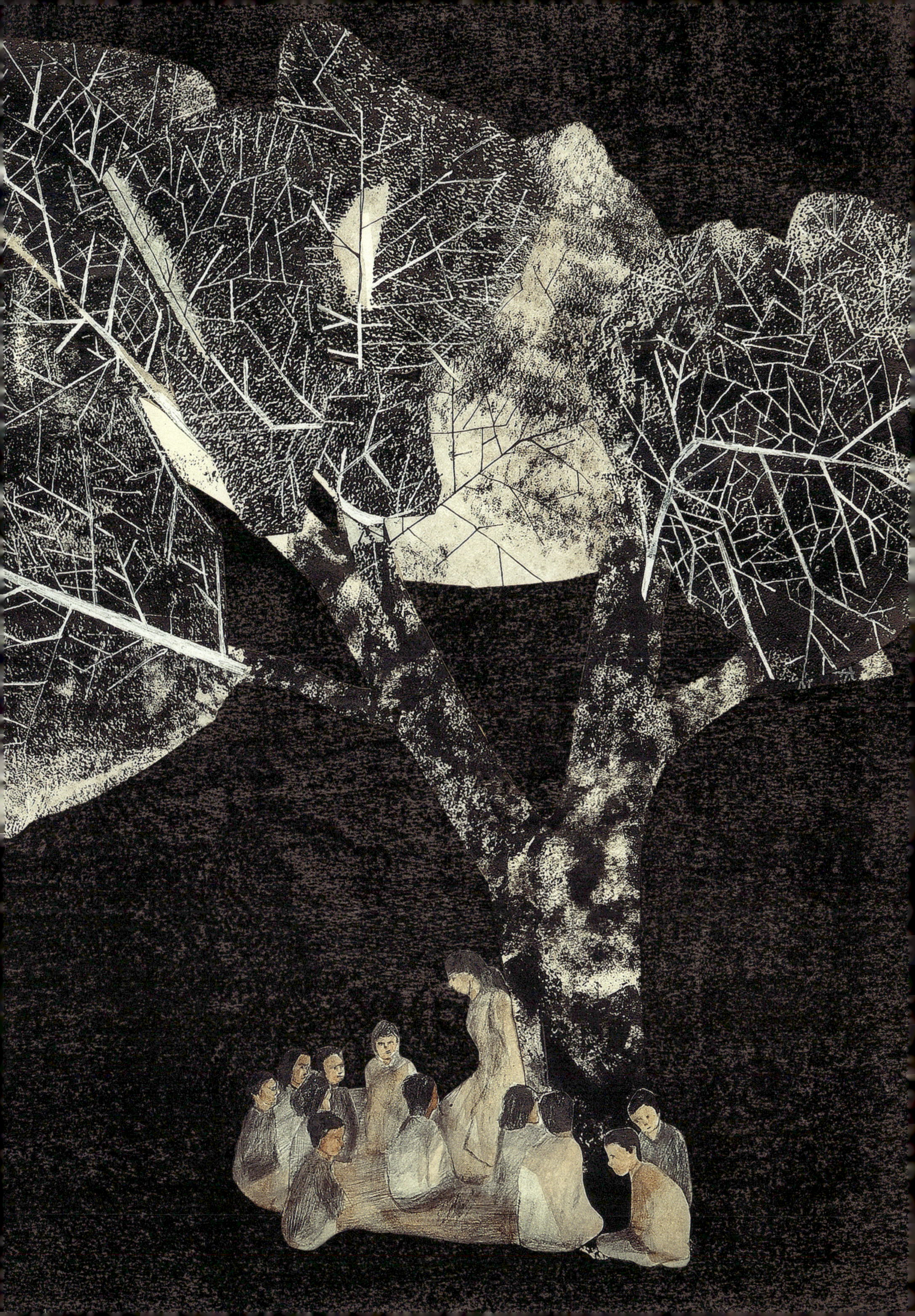

Als es an der Zeit war,
Abschied zu nehmen, sagte er:
„Sie haben ein Waisenhaus, nicht wahr?
Dort arbeitet meine Schülerin …"
„Ihre Schülerin?" – „Fräulein Esther."
Ich nickte. – „Schön. Sehr schön …
Falls es Ihnen keine Mühe macht,
würde ich Ihnen gern ein kleines Büchlein
für sie mitgeben. Erst kürzlich wurde
in unserer Stadt ein Postamt eröffnet.
Ein neues, schönes Gebäude.
Ich habe ein Stück darüber geschrieben …
Wenn Fräulein Esther mag, führt sie es auf,
und ich komme zur Premiere."
„Das wird wohl nicht gehen",
sagte ich, worauf er nur sanft lächelte:
„Ihr werdet mich nicht sehen,
und dennoch werde ich bei euch sein …"

Vielleicht hätte ich diesen Traum
wie andere zuvor vergessen,
ihn mit einem Achselzucken abgetan …
Doch in einer Zeit, in der der Tag
so viele finstere Erlebnisse bereithält,
sind gute Träume Gold wert.

Ein großes Fest.
Der Herr Doktor brachte uns ein Paket.
Darin Käse, Wurst und Marmelade.
Er sagte, es würde noch
eine Überraschung auf uns warten,
drüben am Schwarzen Brett.

Ein kleiner Zettel, auf dem
etwas von einer Theatertruppe stand.
Morgen früh treffen wir uns oben,
vor dem Dachstübchen.

Als Fräulein Esther die Tür mit einem Ruck
aus dem Rahmen befreit hatte,
schlug uns grelles Licht entgegen.
Wir betraten vorsichtig den Raum.
Einer nach dem anderen.
Der Raum war nicht groß.
Seine Wände kahl. Ziegelstein.

„Schaut mal!", rief Jerzyk,
nachdem er die Dachluke aufgesperrt hatte.
„Da ist ein Spatz und da noch einer …"
„Jerzyk … wir wollen unsere Reise
doch nicht etwa aufschieben?",
sagte Fräulein Esther und zog lächelnd
ein Buch aus ihrer Tasche.
„Reise?", wunderte sich Jerzyk.

„Eine Reise nach Indien",
erklärte Fräulein Esther,
„wo es viel schönere Dinge gibt:
achtarmige Gottheiten, bunte Vögel,
blutrünstige Tiger und handzahme Elefanten …
und wo ein großer Dichter lebt.
Er heißt Rabindranath Tagore."
„Rabbi Dranat?", wiederholte Jakub.
In seinen Augen – ein großes Fragezeichen.
„Er ist zwar kein Rabbi,
aber mindestens genauso klug",
lächelte Fräulein Esther …
und erzählte uns eine Geschichte.
Amals Geschichte …

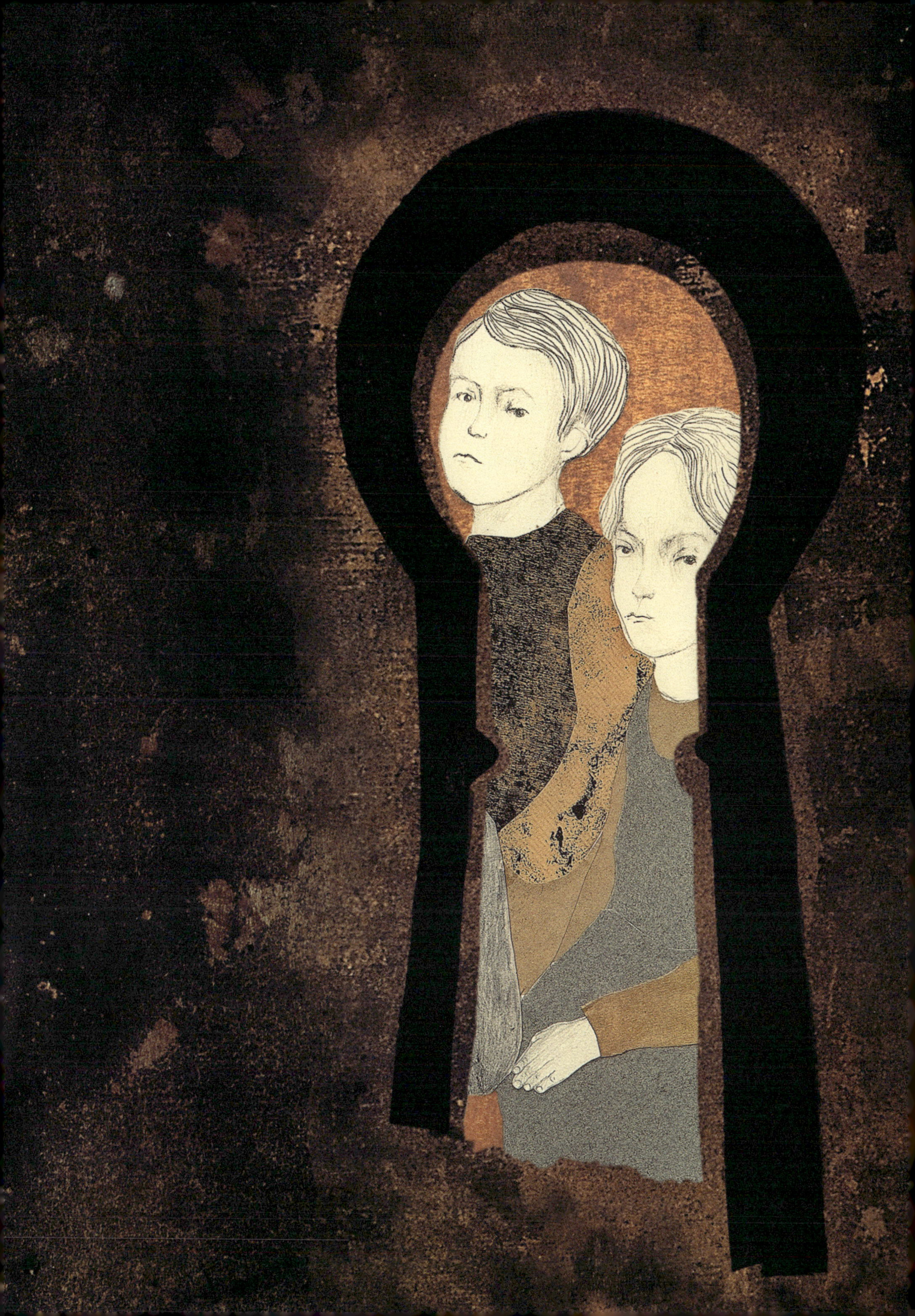

N... ... ... offen. All... andern sind zu. ... mir sagen, we... du bist? Mir ist, i... enne dich nicht.

Mädchen

Ich bin die Sudha.

Amal

Was für eine Sudha?

Sudha

Weißt du nicht? Die Tochter des Blumenhändlers hier.

Amal

Und was tust du?

Sudha

Ich pflücke Blumen in meinen

Amal

Oh! Blumenpflücken! Darum Füße so froh und klingel

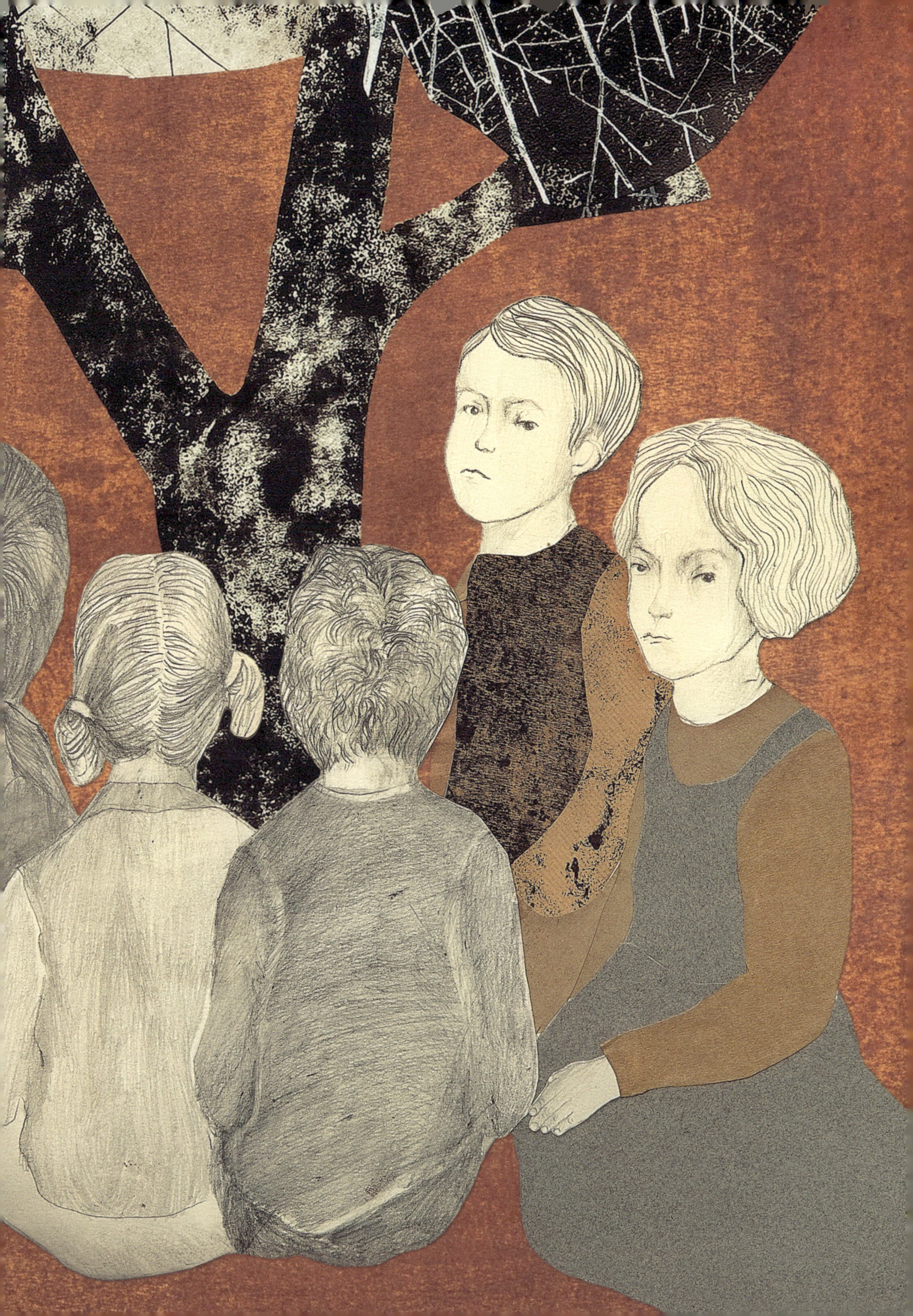

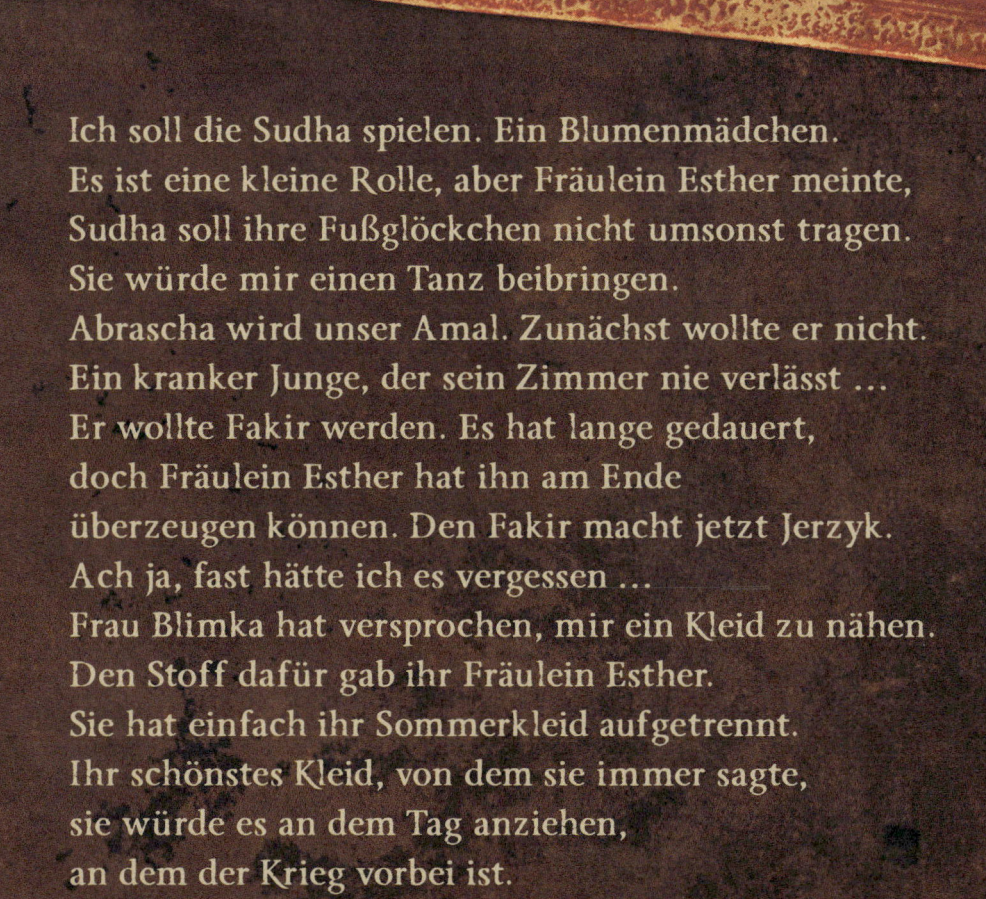

Ich soll die Sudha spielen. Ein Blumenmädchen.
Es ist eine kleine Rolle, aber Fräulein Esther meinte,
Sudha soll ihre Fußglöckchen nicht umsonst tragen.
Sie würde mir einen Tanz beibringen.
Abrascha wird unser Amal. Zunächst wollte er nicht.
Ein kranker Junge, der sein Zimmer nie verlässt …
Er wollte Fakir werden. Es hat lange gedauert,
doch Fräulein Esther hat ihn am Ende
überzeugen können. Den Fakir macht jetzt Jerzyk.
Ach ja, fast hätte ich es vergessen …
Frau Blimka hat versprochen, mir ein Kleid zu nähen.
Den Stoff dafür gab ihr Fräulein Esther.
Sie hat einfach ihr Sommerkleid aufgetrennt.
Ihr schönstes Kleid, von dem sie immer sagte,
sie würde es an dem Tag anziehen,
an dem der Krieg vorbei ist.

„Fußglöckchen!?", wundert sich Tola.
„Fußglöckchen", erkläre ich, „die sich die Mädchen
in Indien um ihren Fußknöchel binden, damit man
beim Tanz jeden ihrer Schritte hören kann."
„Wie schön …", lächelt Tola.
„Auf ihre Hände bekommen sie Blumen aufgemalt.
Auf ihre Stirn, hier, über den Brauen,
einen roten Punkt. Ein Tilaka."

„Tilaka?"
„Ihr drittes Auge, mit dem sie
nach innen schauen können.
Bis auf den Grund der Seele."
„Seele …", wiederholt Tola.
„Kann man die sehen?"

Ha-báit – das Haus, ha-nahár – der Fluss,
ha-har – der Berg ...

Durch die dünnen Wände meines Zimmers
höre ich ihre Stimmen.
Es braucht nicht viel und er kehrt wieder ...
Der alte Traum vom Bau eines Waisenhauses.
Ich sehe es genau vor mir: Riesige Ess-
und Schlafsäle, winzige Einsiedlerhäuschen ...
Und für mich – hoch oben, auf der Dachterrasse –
ein kleines Zimmer mit durchsichtigen Wänden,
damit ich keinen der Sonnenauf- und -untergänge
verpasse und nachts, wenn ich schreibe,
hin und wieder die Sterne betrachten kann.

Larútz – laufen, lickpótz – springen,
liss-chót – schwimmen ...

Dort in Palästina wird es all das geben,
wonach wir uns hier sehnen:
Raum und Luft, Sonne und Bewegung.
Ein weit geöffnetes Fenster ...
Und Nahrung. Reichlich Nahrung.

Katán – klein, gadól – groß ...

Meine Notizen über die Nacht
und die schlafenden Kinder,
die Wachstumstabellen ...
Ich werde daraus ein Buch machen.
Ein Buch über die schöne,
solide und erfreuliche Arbeit.
Das Wachstum eines Menschen.

Polín – Polen,
Wárscha – Warschau

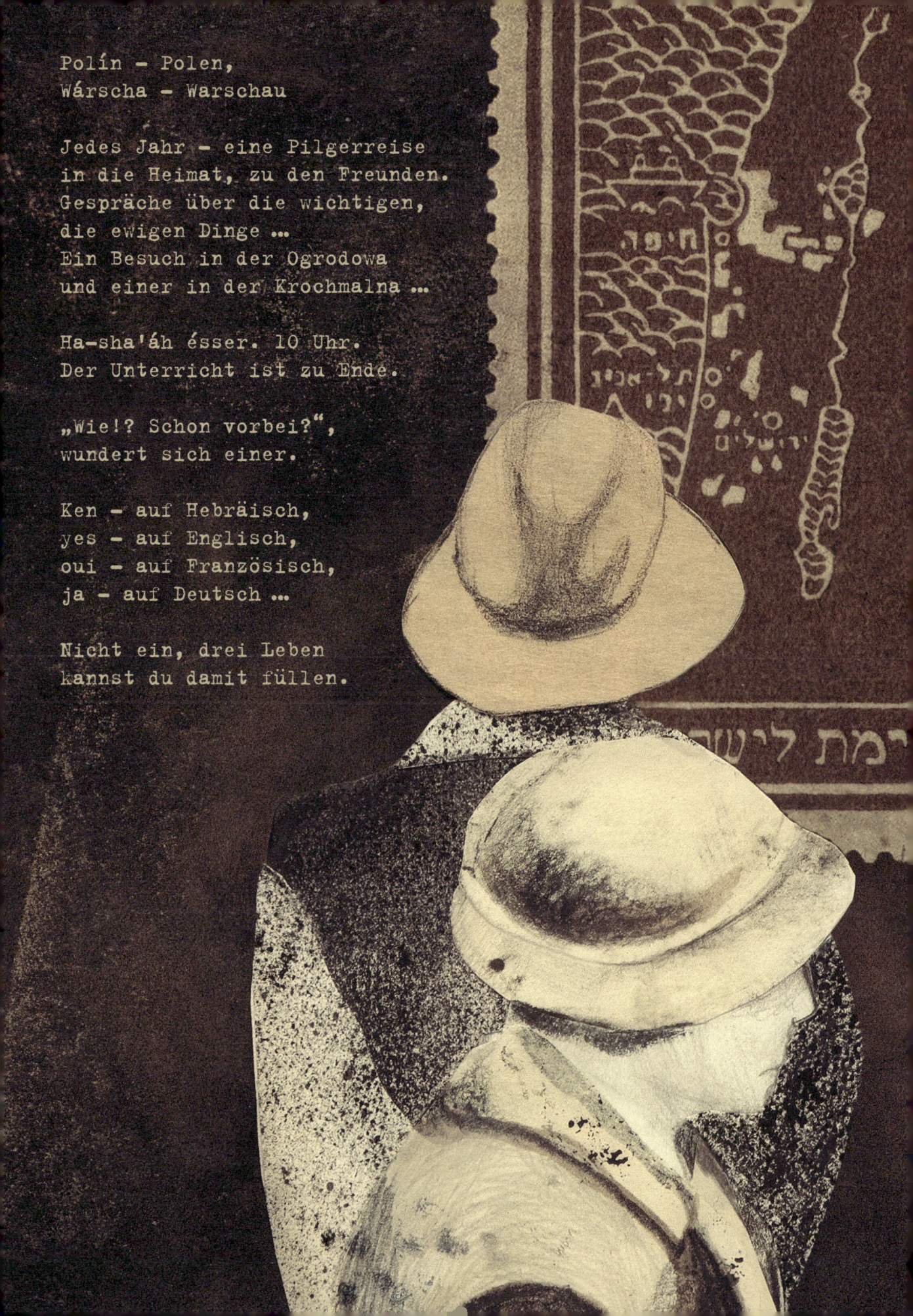

Jedes Jahr – eine Pilgerreise
in die Heimat, zu den Freunden.
Gespräche über die wichtigen,
die ewigen Dinge ...
Ein Besuch in der Ogrodowa
und einer in der Krochmalna ...

Ha-sha'áh ésser. 10 Uhr.
Der Unterricht ist zu Ende.

„Wie!? Schon vorbei?",
wundert sich einer.

Ken – auf Hebräisch,
yes – auf Englisch,
oui – auf Französisch,
ja – auf Deutsch ...

Nicht ein, drei Leben
kannst du damit füllen.

Rabindranath Tagore

DAS POSTAMT

EIN BÜHNENSPIEL

Ich habe sie noch mal gelesen ...
Die Geschichte von Amal. Der arme Junge ...
Raus aus seinem stickigen Zimmer will er,
endlich all die Dinge sehen, von denen
ihm die Menschen da draußen
Wundersames berichten ...
Pantschmura-Berge, der Schamli-Fluss,
die Papageieninsel ... Doch er darf nicht ...
Der Arzt hat es verboten. Und so
sitzt er am Fenster und wartet.
Wartet, dass ihm der König
einen Brief schickt,
der seine Gefangenschaft beendet ...
Eine traurige Geschichte.
Und doch freue ich mich,
dass Fräulein Esther
eben dieses Buch auswählte.
Denn zum Schluss,
als Amal nicht mehr da ist,
da lege ich eine Blume auf seine Brust ...
Ein Geschenk, das ich Abrascha
so nicht machen könnte.
Ohne dass es gleich Chana ...
dass es die anderen bemerken ...
Aber Amal ist nicht Abrascha ...

Der kleine Mendelek.
Seitdem er einen Löwen
in einer Fibel gesehen hat,
kann er an nichts anderes denken.
In einer Woche – zwölf Löwen,
mal größer, mal kleiner,
alle in Blau.

Der Herr Doktor hat sie oben
im roten Zimmer aufgehängt.
Es soll ein Anfang sein.
Eine Akademie der schönen Künste.
Ich weiß noch nicht,
was ich zeichnen soll.
Mein altes Zuhause?
Fräulein Esther?
Oder einen Schmetterling?

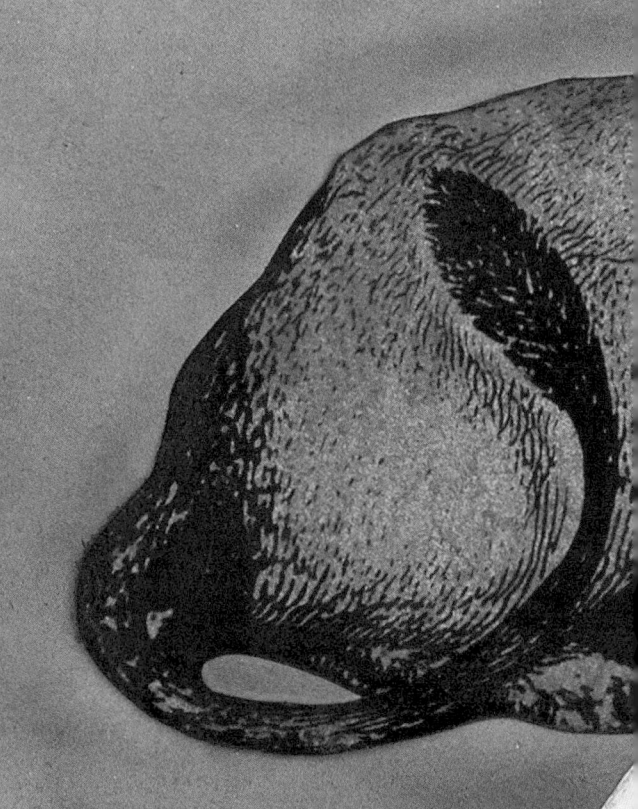

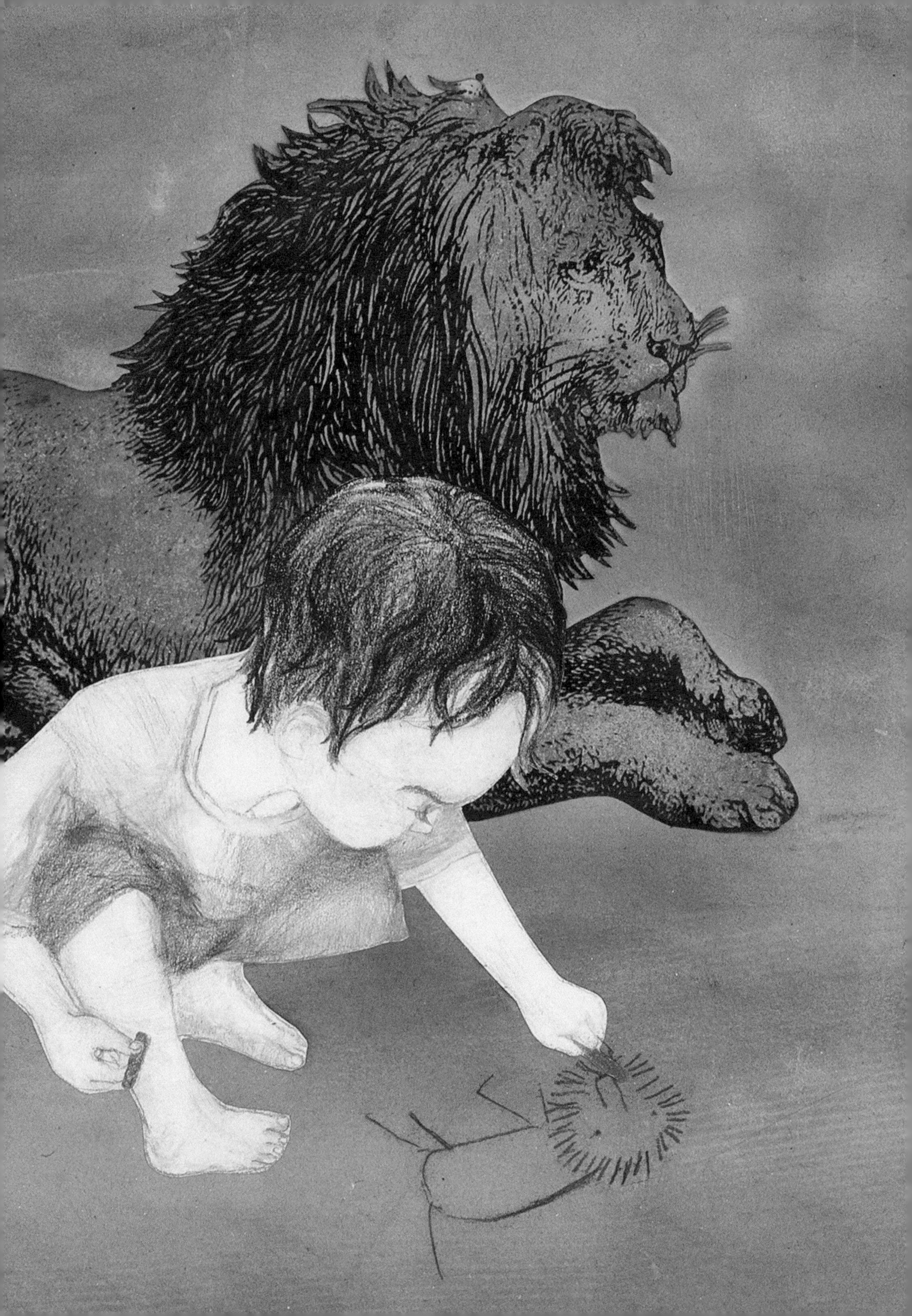

Fräulein Esther ...
Sie erzählte uns heute von Indien,
von den Menschen und Tieren,
die dort leben, und von Shiva,
der das Universum im Tanz zerstört,
um es aufs Neue zu erschaffen.

Nataraja, König des Tanzes.
Ich frage mich, was er
dort oben in den Wolken
für einen Tanz tanzt,
dass wir hier unten
so viel leiden müssen.
Und ob es wirklich stimmt,
dass eine *Devadaschi* ihn
sanft stimmen kann.

Fräulein Esther meinte,
das sei nicht so einfach.
Der Tempeltanz, sagte sie,
sei eine alte, vergessene Sprache.
Jede noch so kleine Bewegung
müsse in ihm stimmen,
wie die Worte in einem Gebet.

„Wenn du die Daumen so verschränkst
und die Finger beider Hände streckst,
erweckst du ihn zum Leben ...

„Garuda,
den seltsamen Vogel,
auf dessen Flügeln
Vishnu reitet.
Man sagt, er sei so groß,
dass ein Mensch
sich mühelos
unter einer seiner Federn
verstecken könnte,
und weise genug,
um selbst den Göttern
ihren Zaubertrank
zu rauben."

Ich gehe am Schlafsaal der Jungen vorbei.
Träume ich? Ein seltsames Flötenspiel.
Ein Auf und Nieder. Wild und ungestüm.
Ich klopfe an, stecke meinen Kopf
durch die Tür.

Auf dem Bett sitzt Jerzyk,
auf dem Kopf einen Turban,
in den Händen einen Kochlöffel,
in den er aus Leibeskräften bläst.
Vor ihm eine Schlange,
gedreht aus einem Bettlaken.
Im Hintergrund – Lutek,
der auf seiner Geige alles gibt.
Ich wundere mich, dass bei diesen
wilden Klängen die Schlange
nicht zum Leben erwacht.
Als die Jungs mich bemerken,
unterbrechen sie ihr Spiel.
„Bravo!", applaudiere ich,
„ihr seid nah dran."
„Nah dran!?", erbost sich Jerzyk.
„Na ja, um ein Fakir zu sein,
bedarf es etwas mehr ...
Wisst ihr überhaupt,
was ein Fakir alles kann?"
„Schlangen beschwören", murmelt Jerzyk.
„Auf einem Nagelbrett sitzen!",
ruft Lutek und strahlt
übers ganze Gesicht.
„Schlangen, Nagelbretter –
das sind Zirkusnummern.
Ein Fakir ist ein wahrer Zauberer,
der ohne Schmu frei in der Luft schwebt
und den nichts aufhalten kann,
nicht mal die höchste Mauer,
dem Hunger und Kälte
nichts anhaben können,
ebenso wenig wie der Schmerz.
Tausende von Kilometern kann er reisen,
ohne sein Dorf zu verlassen.
Ein Mann, der nichts besitzt
und doch reich ist wie ein Maharadscha.
Und das alles nur, weil er
seinen Geist beherrscht."
„Oje, Lutek", stöhnt Jerzyk,
„dann müssen wir noch viel üben.
Ich habe so einen Hunger,
ich könnte einen Bären aufessen."

Unter laub'gem Dach, wo Jasmin in Pracht ...
Eine wunderschöne Melodie.
Fräulein Esther sagte, sie stamme
aus einer alten indischen Oper.
Sie hat sie Lutek vorgesungen.
Und der spielt sie jetzt rauf und runter,
während ich versuche, das Ganze
auf die Reihe zu bekommen.
Doch es ist nicht leicht, sie zufriedenzustellen.
Mal sind es die Hände, ein andermal die Arme,
dann wiederum der Gesichtsausdruck,
der nicht stimmt ...
Nach dem x-ten Versuch sinke ich zu Boden.
„Ich schaffe sie nicht! Diese Drehung ...
und dann noch die Verbeugung ..."
„Jammerliese!", lacht Abrascha.
Seit drei Tagen wiederholt er im Kreise:
„Erst die ‚Roggenfelder',
dann das ‚Zuckerrohrfeld',
dann ‚schmaler Steg',
‚offene Wiese, wo die Grille zirpt ...'
und die ‚Wasserschnepfen
mit ihrem Schnabel
im Schlamm stöbern ...'"

Und die anderen Jungs?
Die raufen sich vor der Tür ...
„Mach Platz!", befiehlt Adek Chaim.
„Ich bin königlicher Herold."
„Nichts da! Ich bin Arzt",
protestiert Chaim.
„Arzt ist wichtiger!"
„Herold! Ich trage ein Wappen
und diene dem König."
„Arzt!! Ich trage einen Arztkoffer
und diene dem Menschen."

Devedaschis
od. Indische Tänzerinnen

Warszawa, dnia 15 lipca 1942 r.

Nie jesteśmy skłonni obiecywać, nie mając pewności.

Pewni jesteśmy, że godzina pięknej bajki myśliciela i poety da wzruszenie - "najwyższego szczebla" drabiny uczuć.

Przeto prosimy na sobotę dn. 18 lipca 1942 godz. 4.30 pp.

Dyrektor Domu Sierot

/ Z nienapisanej recenzji "Żywego Dziennika"/
.... Pierwszy prawdziwie artystyczny ...

Die Einladungen.

Der arme Heniek.
Den ganzen Tag
tippte er wie wild,
damit sie noch rechtzeitig
fertig werden. Adek,
unser königlicher Herold,
durfte sie stempeln,
mit dem Stempel
von Herrn Doktor.
Fräulein Esther sagte,
sie würde eine davon
Frau Judtowa geben.
Frau Judtowa
leitet eine Tanzschule
hier, im Ghetto ...

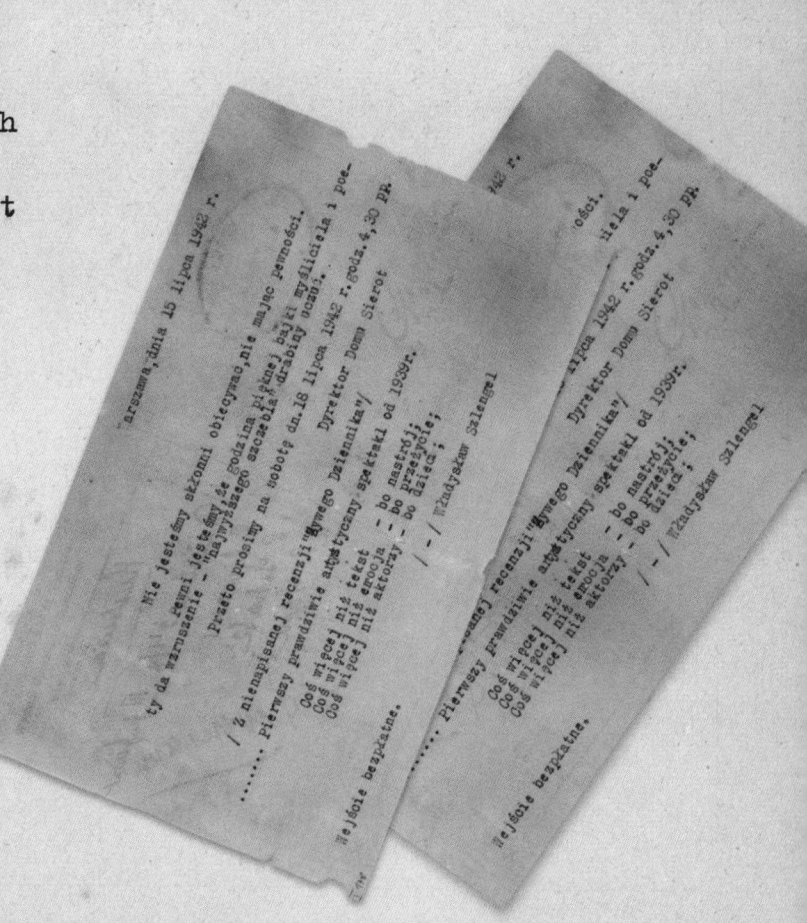

Fräulein Esthers —
oder sollte ich lieber
sagen „sein"? — Plan
scheint aufzugehen.
Die Kinder sind
wie verwandelt.
Die Jungs tischlern —
ich höre sie hämmern —,
die anderen sitzen am Tisch
und basteln Papierblumen.
Wenn man die Augen schließt
und ihre fröhlichen
Stimmen hört,
könnte man meinen,
dass der Krieg
ein böser Traum
gewesen ist.
Und dass wir wieder
in unserem Speisesaal
in der Krochmalna
sitzen und uns
auf das Purimfest
vorbereiten.

Halb sieben.
Aus dem Schlafsaal ruft jemand:
„Los Jungs, aufstehen! Zeit für ein Bad."
Ich lege den Füller zur Seite.

Bilder eines erwachenden Schlafsaals.
Der Blick, die schwerfälligen Bewegungen
oder plötzliches Aus-dem-Bett-Hüpfen.
Der eine reibt sich die Augen, ein anderer
mit seinem Hemdsärmel die Mundwinkel.
Dieser dort glättet sein Ohr, streckt sich,
in der Hand ein Bekleidungsstück,
um eine Weile lang so zu verharren.

Lebhaft, phlegmatisch, flink, ungelenk,
selbstsicher, ängstlich, penibel, nachlässig,
wachsam oder auch automatisch …
Du erkennst sofort, wer wie und warum
so ist, immer oder auch nur heute.

Dort, wo Traum und Wachsein sich verzweigen,
ereignen sich die seltsamsten Dinge:
Heute ist es Jakub, der zu einem Rabbi wird.
Salbungsvoll – sie wurden auf Mose getauft,
in der Wolke und im Meer … –
verteilt er mit seinem Emailletopf Wasser.
Eine Geste, die nicht nur die kleine Helcia
ehrfürchtig werden lässt.

Stille. Wasserplätschern …

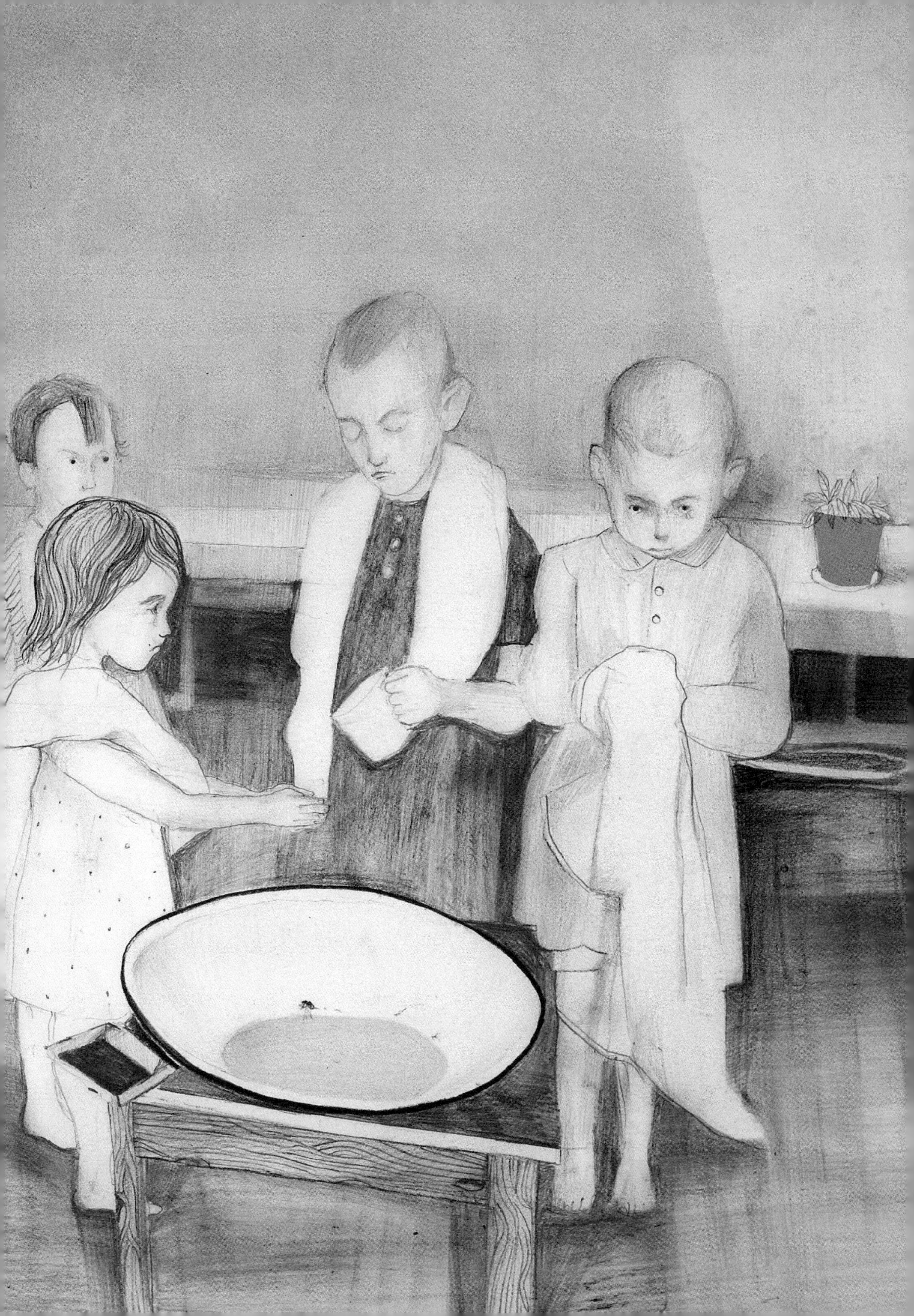

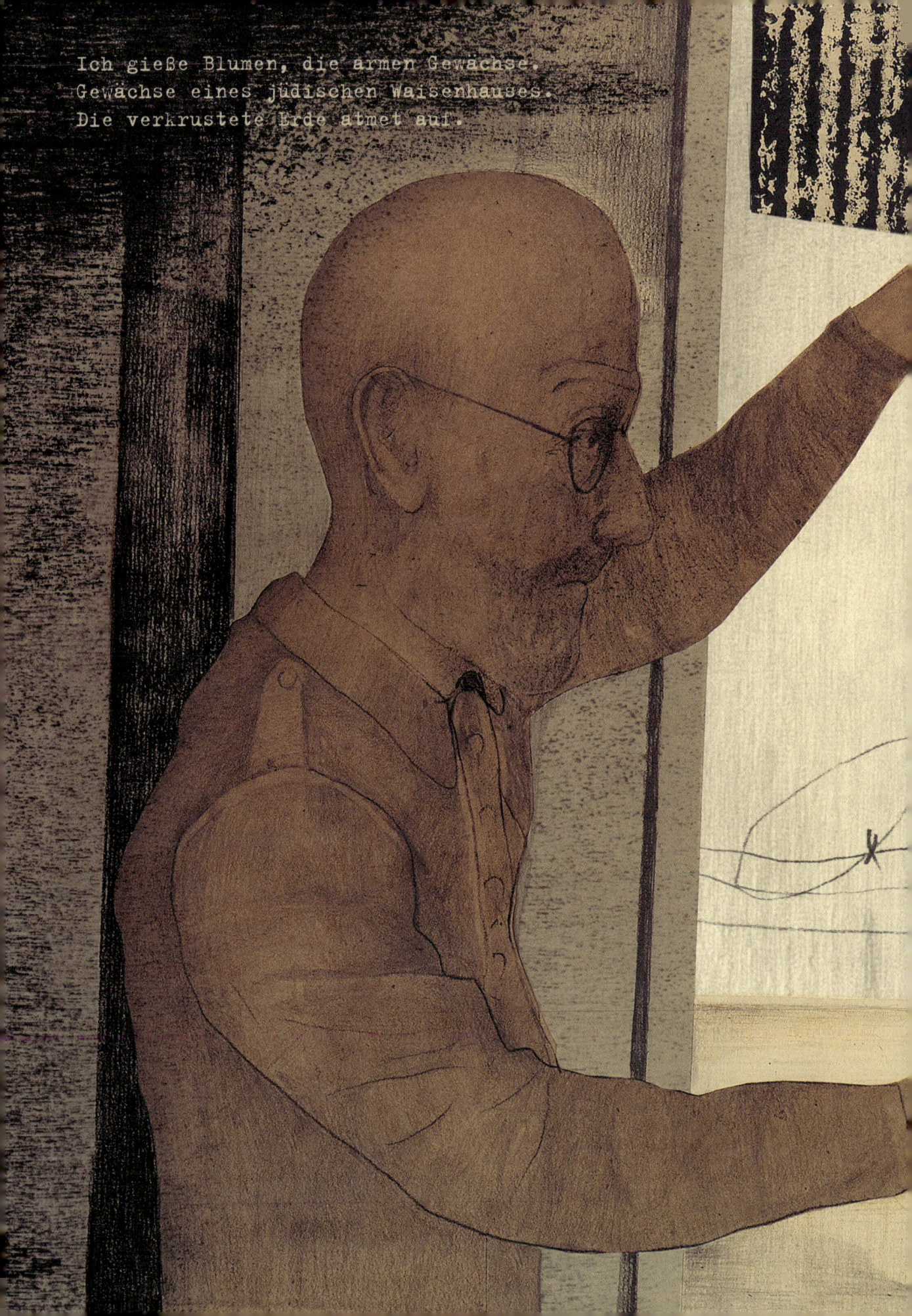

Ich gieße Blumen, die armen Gewächse.
Gewächse eines jüdischen Waisenhauses.
Die verkrustete Erde atmet auf.

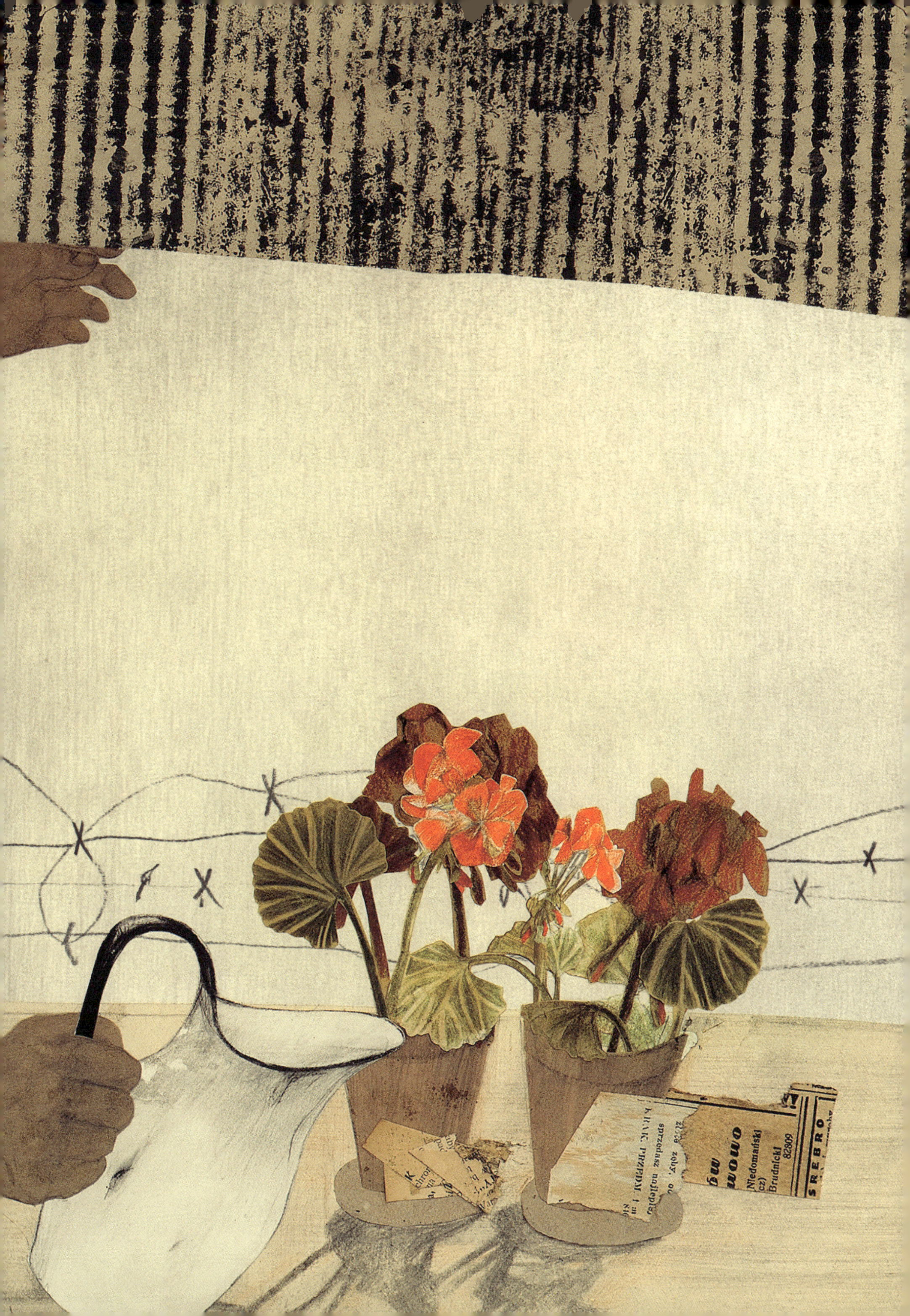
SREBRO
Niedomański
Brudnicki
82809

Drüben, auf der
anderen Straßenseite —
ich brauchte nicht
einmal hochzuschauen —
steht ein Wachmann.

„Unser" Wachmann.

Ob sie ihn wohl reizt,
ob sie ihn rührt,
diese friedliche Handlung
um sechs Uhr in der Frühe?

Was würde er tun,
wenn ich ihm zunickte,
ihn freundlich
mit der Hand grüßte?

Meine Glatze — ein leichtes Ziel.
Doch er steht und schaut.
Braucht er den Befehl?
Oder vielleicht ist es ganz anders ...

Vielleicht war er vor dem Krieg
ein Dorflehrer,
vielleicht ein Notar,
ein Straßenkehrer in Leipzig,
ein Kellner in Köln?

Vielleicht weiß er gar nicht,
dass es so ist, wie es ist?
Er kann doch erst gestern
hierhergekommen sein ...

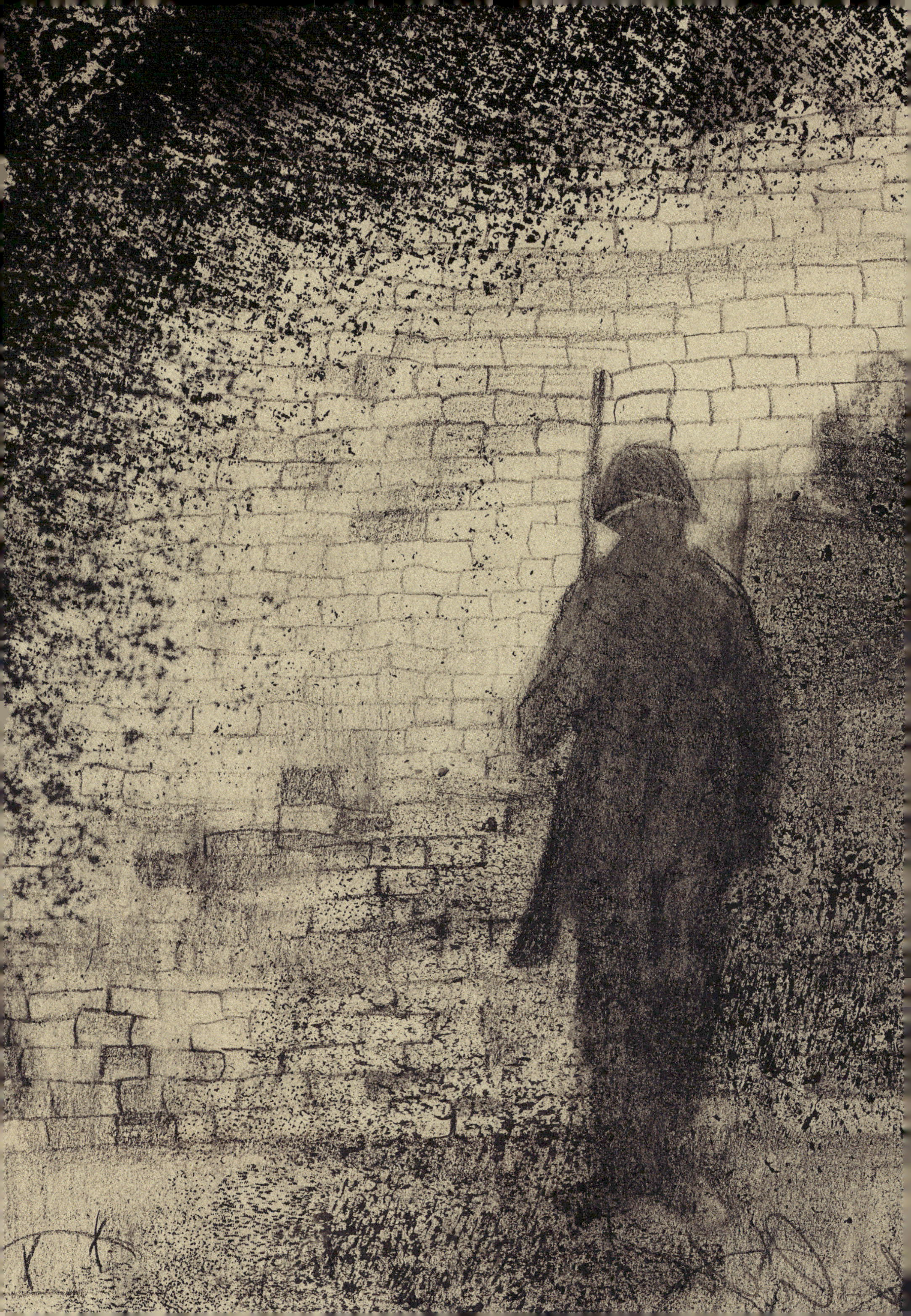

Freunde sorgen sich
um unser Leben.
Man fragte mich,
ob ich nicht bereit wäre,
auf der anderen Seite
unterzutauchen.
Wohnung, Geld ...
das alles wäre da ...
Ich erinnere mich
an ein Bild:

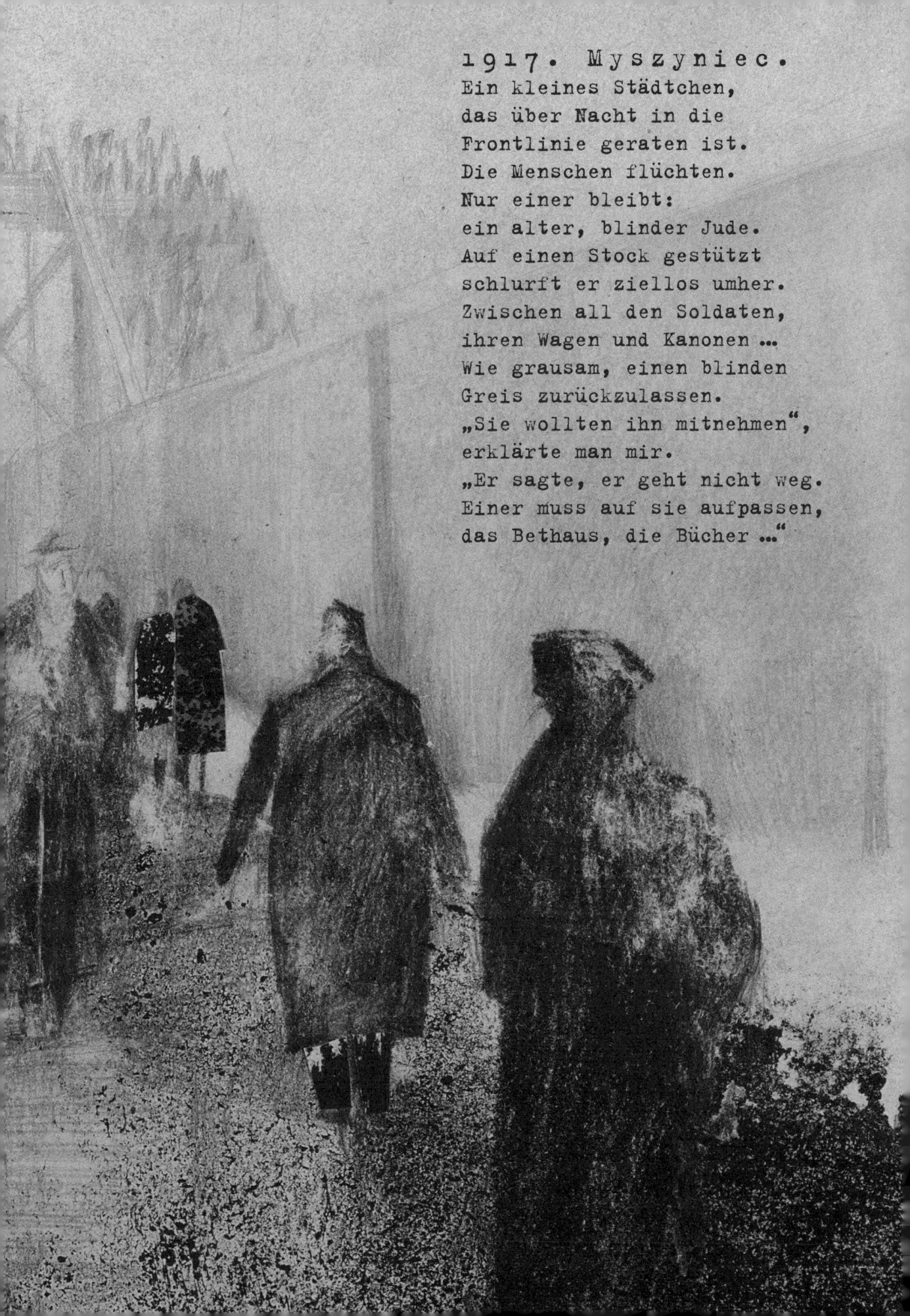

1917. Myszyniec.
Ein kleines Städtchen,
das über Nacht in die
Frontlinie geraten ist.
Die Menschen flüchten.
Nur einer bleibt:
ein alter, blinder Jude.
Auf einen Stock gestützt
schlurft er ziellos umher.
Zwischen all den Soldaten,
ihren Wagen und Kanonen...
Wie grausam, einen blinden
Greis zurückzulassen.
„Sie wollten ihn mitnehmen",
erklärte man mir.
„Er sagte, er geht nicht weg.
Einer muss auf sie aufpassen,
das Bethaus, die Bücher..."

6.30 Uhr.
Es ist so weit …
Noch ein paar Stunden
und ich bin Sudha …
Aber zunächst heißt es
den Saal aufräumen,
Stühle aufstellen,
letzte Anprobe …
Frau Judtowa …
ob sie wohl
kommen wird?

16 Uhr.
Krankenbesuch bei Tola.
„Du siehst wunderschön aus.
Wie eine Prinzessin", flüstert sie
und versucht zu lächeln.
„Ich habe etwas für dich …
Eine Papierblume."
Frau Stefa – sie wacht
an Tolas Bett –
schaut zu mir hoch.
„Mach dir keine Sorgen,
ich bleibe bei ihr."
„Ich komme nachher
und tanze noch einmal.
Nur für euch beide."
„Wirklich?", fragt Tola.
„Zeigst du mir den Garuda?"
Als ich weggehen will,
ruft sie mich zurück.
„Hier, für dich",

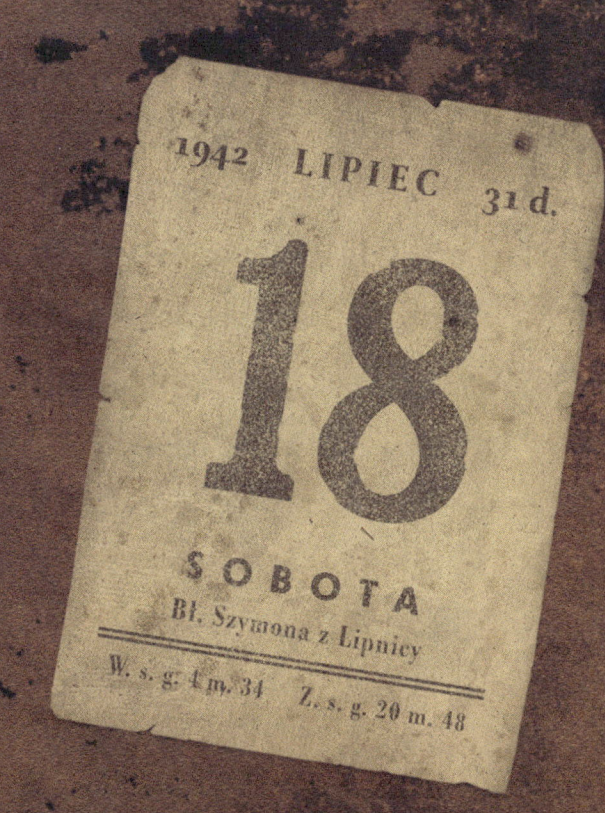

sagt sie und legt
in meine Hand
Kiepuras Glöckchen.
„Und Kiepura …?"
„Er braucht es nicht mehr.
Er ist groß genug."

16.15 Uhr
Als ich aus der Tür trete,
steht Abrascha an der Treppe.
Wir schauen uns an,
ohne ein Wort,
ein wenig beschämt
über unsere Aufmachung.
„Hopp, hopp! Es geht gleich los",
ruft uns Fräulein Esther zu.
Wir laufen die Treppe hoch.
Als wir fast oben sind,
rückt Abrascha ein Stück näher
und flüstert mir ins Ohr:
„Viel Glück!"
Ich senke rasch die Augen.
Doch es ist zu spät.
Ich spüre, wie mein Herz
zu rasen beginnt
und ich erröte …

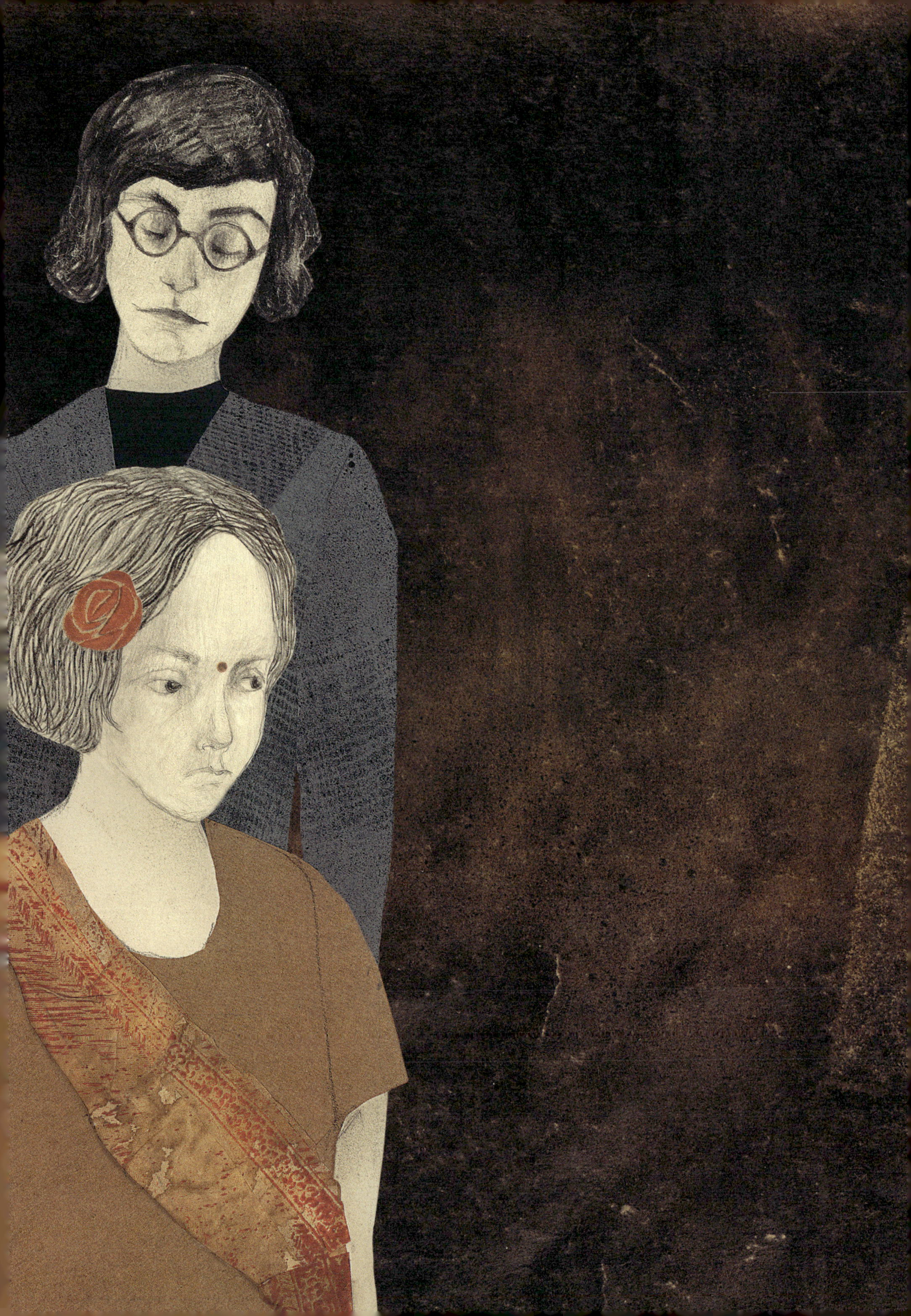

16.30 Uhr.
Durch einen Spalt im Vorhang
kann ich sie erkennen ...
Kinder. Erzieher. Fremde Gesichter.
Ich recke meinen Hals,
obwohl ich nicht einmal weiß,
wie sie ausschaut.
„Die da hinten ... das ist sie",
lächelt Fräulein Esther.

Die Lichter werden gelöscht.
Auf der Bühne – in seiner alten Uniform –
erscheint unser Herr Doktor.
„Das Postamt ...", beginnt er ganz leise.
„Unsere erste Theateraufführung seit 1939.
Wir würden nichts versprechen,
wenn wir nicht sicher wären,
dass dieses schöne Märchen
eines großen Denkers und Poeten
Sie bewegen wird ..."

„Die Armbinde!", fällt mir plötzlich ein.
„Ich habe sie unten vergessen."
Doch Fräulein Esther hält mich zurück.
„Heute Abend brauchst du sie nicht.
Hier ...", sagt sie und deutet auf die Stelle,
wo die Bühne beginnt, „fängt Indien an."

Unser kleines Indien ...
Das war vielleicht nicht viel.
Eine kleine Bühne,
ein rauer Holzrahmen,
eine Handvoll Kinder
in seltsamen Gewändern.

A b r a s c h a ,
mit einem Turban,
der seinem blassen Gesicht
das Aussehen eines kleinen,
mondsüchtigen Prinzen gab.

J e r z y k ,
der uns im Handumdrehen
mit auf eine Reise nahm,
auf seine Papageieninsel.

A d e k ,
der mit seinem Brustwappen
mehr als königlich wirkte ...

C h a i m ,
der vor Glück strahlte,
weil er als Zeichen seiner Zunft
mein Stethoskop tragen durfte,

und S u d h a ,
die mit ihrem Fußglöckchen klingelnd
die Bühne betrat ...

95
100
105
110
Seronegar
Jamba
Patna
Lahor
Bikanar
Multan
I N D O S T A N
Jekanac
Sambel
Narval
Tenupar
Felipore
Buccar
Holobas
Gouro
Agra
Indus
Ieselmere
M O G O R L I S
Gehud
Patana
Ganges
Seu
M A
B E N G A L
R. Radder
Rodas
Hamedebat
Ougeli
Cambaya
R I U M
R E G N.
Brampore
G O L F O . D E
Orixa
Cundavera
Coulour
Christena
Golconda
B E N G A L A
G O L C O N D Æ . R E G N
Bellum Cunda
Cundapoly
DE
KONINKRYK
van
GOLCONI
TANASSA
PEGU
en
ARACA
aande
GOLF van BE
Anatada
Qualpenu

Ich komme auf die Bühne,
stehe eine Weile da.
Wie gelähmt.
Doch dann kommt Lutek
mit seiner Geige
und diese Melodie …
Plötzlich ist alles da …
Fuß und Bein,
Hand und Arm,
Kopf und Brust …
Sie tanzen ihren Tanz.
Frei. Schwebend.
Ohne mich.

Ich schließe die Augen
und sehe ihn …
Seinen Adlerkopf,
die roten Schwingen …
Tief unter ihm –
man erkennt sie kaum –
unser Haus, die Mauer …
Er fliegt weg.
Weit, weit weg,
ohne sich umzuschauen.
Unter seinen Federn –
ich sehe ihre Köpfe –
Tola, Felunia, die anderen …

Als die Musik verstummt,
blicke ich kurz zur Seite.
Und sehe, wie sie mich
anlächelt. Fräulein Esther.

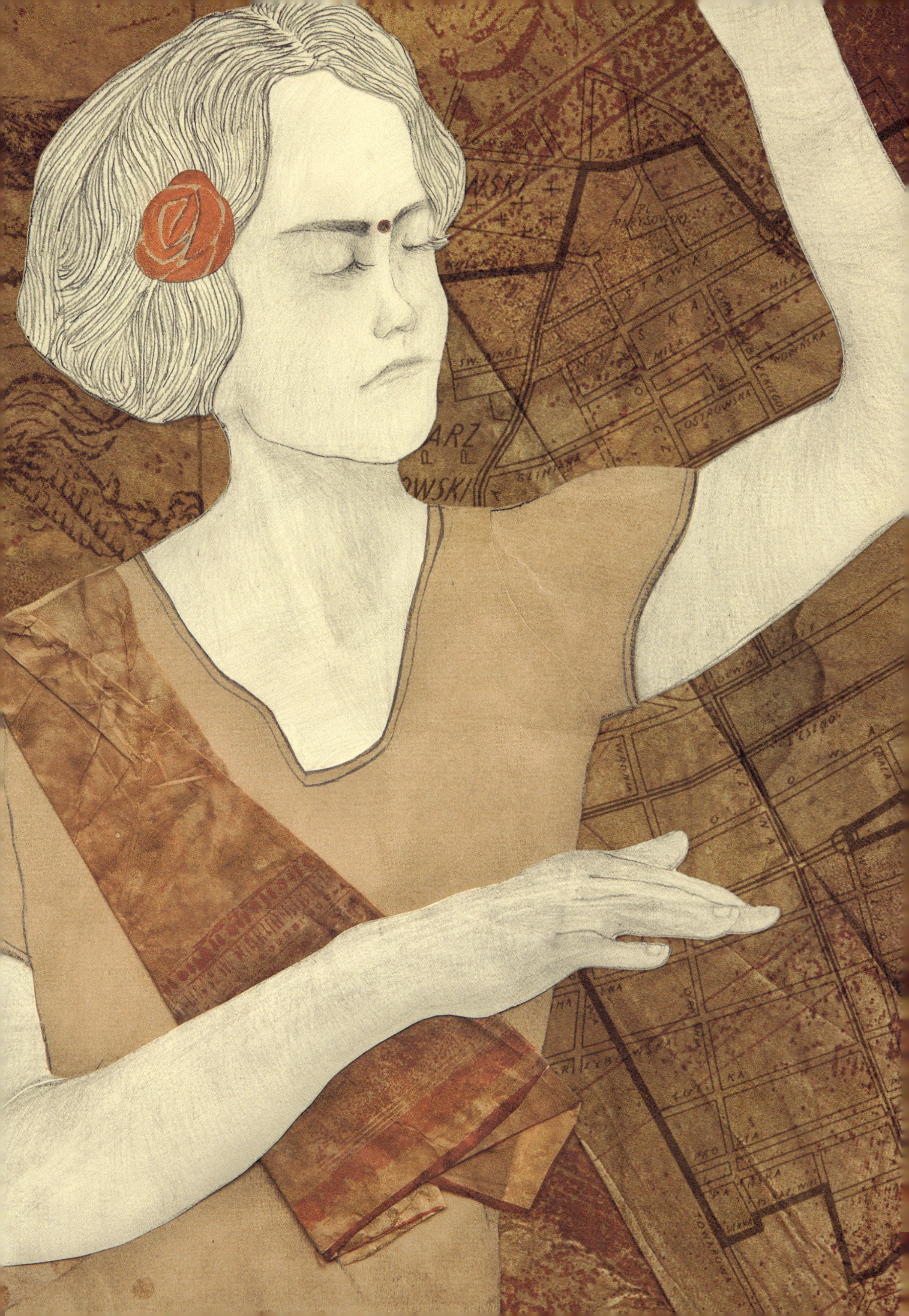

OSTROWSKA
MIŁA
SW. KINGI

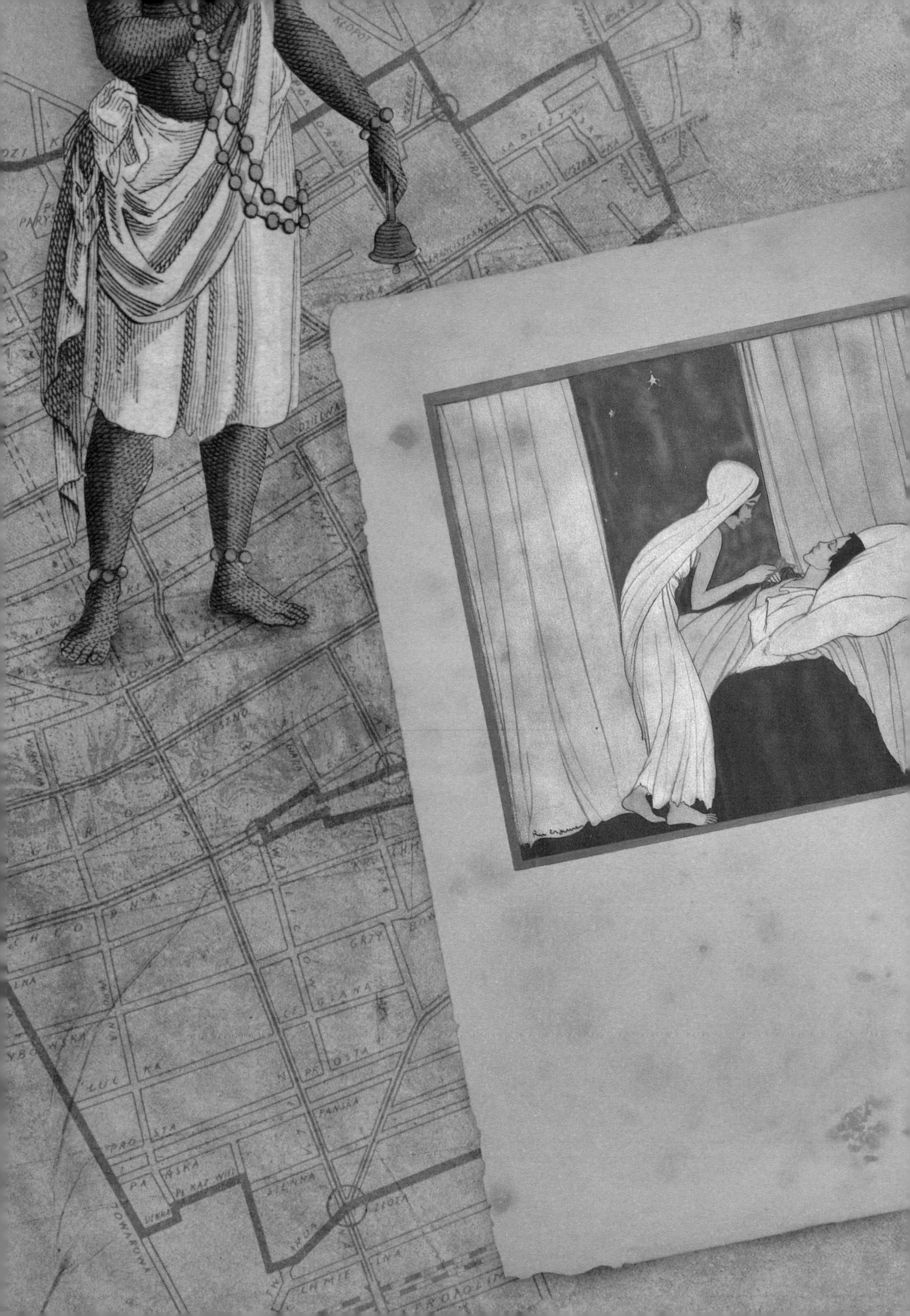

Und dann kam er ... Abraschas Monolog:

Ich kann es genau sehen.
Da kommt der Postbote des Königs
allein den Berg herunter,
eine Laterne in der linken Hand
und auf dem Rücken einen Sack mit Briefen.
Und so klettert er lange, lange Zeit bergab,
Tage und Nächte ...
Und dort, wo am Fuße des Gebirges
der Wasserfall zum Strom wird,
schlägt er den Fußweg am Ufer ein
und wandert durch die Roggenfelder weiter.
Dann kommt das Zuckerrohrfeld,
und er verschwindet auf dem schmalen Steg,
der durch die hohen Zuckerrohrstengel führt.
Dann erreicht er die offene Wiese,
wo die Grille zirpt und wo ...
nicht ein einziger Mensch zu sehen ist
und nur die Wasserschnepfen umherhüpfen
und mit ihrem Schnabel im Schlamm stöbern.
Ich fühle ihn näher und näher kommen
und mein Herz wird froh ...

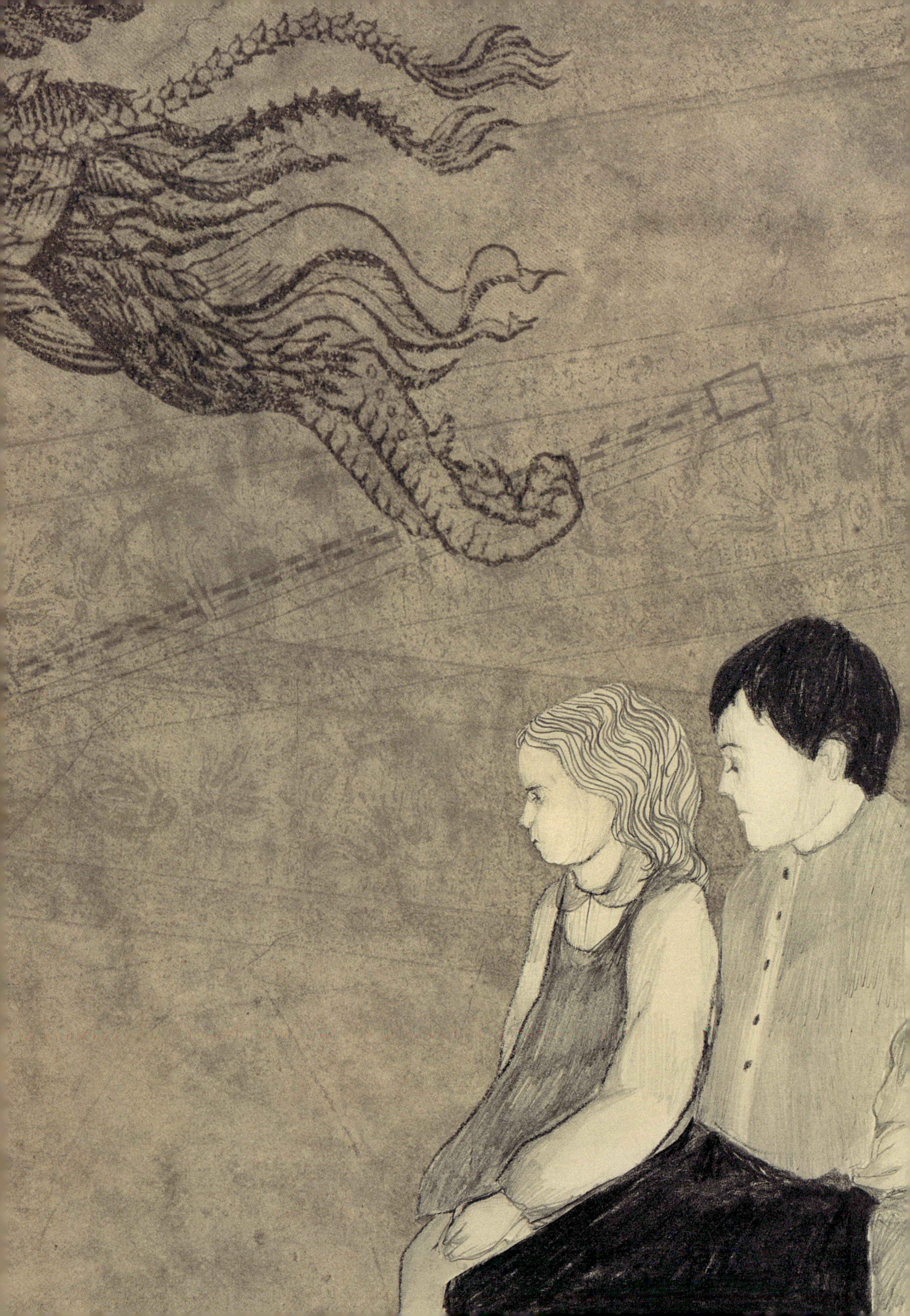

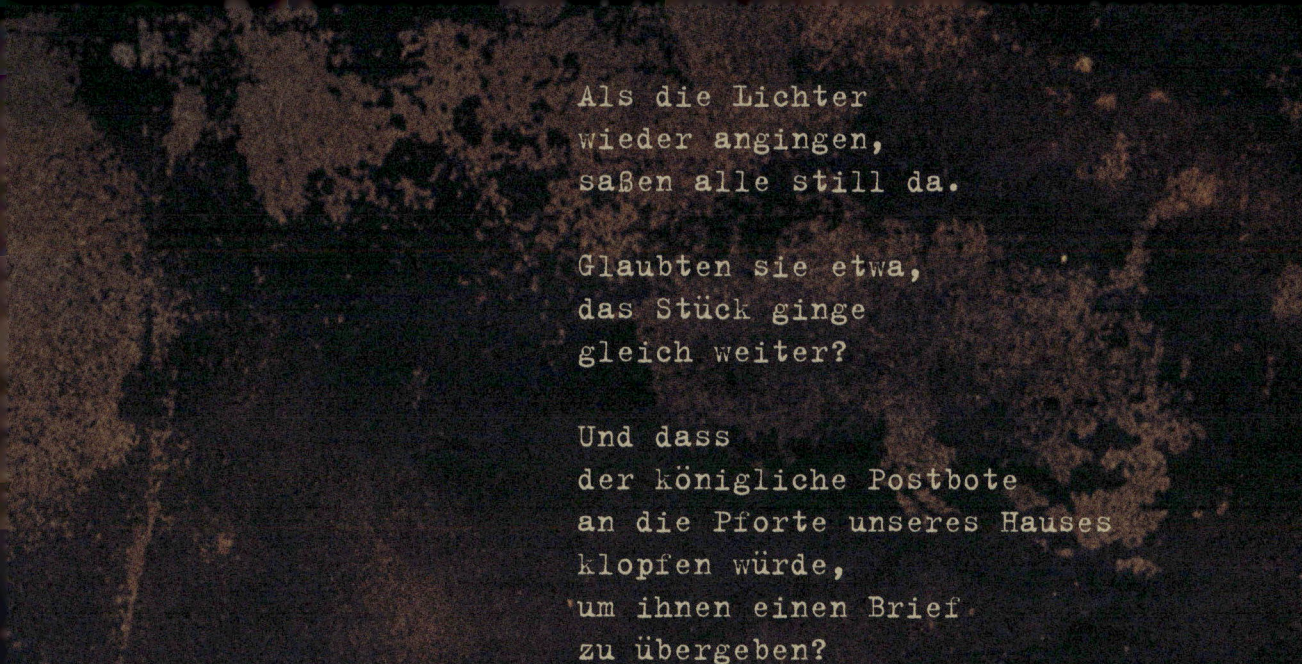

Als die Lichter
wieder angingen,
saßen alle still da.

Glaubten sie etwa,
das Stück ginge
gleich weiter?

Und dass
der königliche Postbote
an die Pforte unseres Hauses
klopfen würde,
um ihnen einen Brief
zu übergeben?

21 Uhr.
Die Lichter sind erloschen.
Der Bienenstock verstummt.
Ich gehe noch ein letztes Mal
durch das Haus, das nicht unser ist
und wir nicht die seinen,
prüfe, ob die Türen geschlossen,
die Fenster verdunkelt sind,
steige höher und höher.

Oben, im Dachstübchen
ist es drückend heiß.
Ich reiße das Fenster auf,
spüre, wie eine frische Brise
über mein Gesicht streichelt.
Sterne. Amals Sterne.
Irgendwo dahinter dürfte
auch er zu Hause sein ...
der alte Mann aus Santiniketan,
der — unser Unglück ahnend —
uns sein „Märchen" sandte.
Wollte er uns etwa sagen,
dass es da noch einen Doktor gibt,
der größer ist als jener von Amal,
ja als alle Doktoren der Welt?

Sein Plan ist aufgegangen.
Die Kinder aufgeregt
wie seit Jahren nicht mehr.
In ihren Augen ein seltsamer Glanz,
gemischt aus Fieber und Freude.

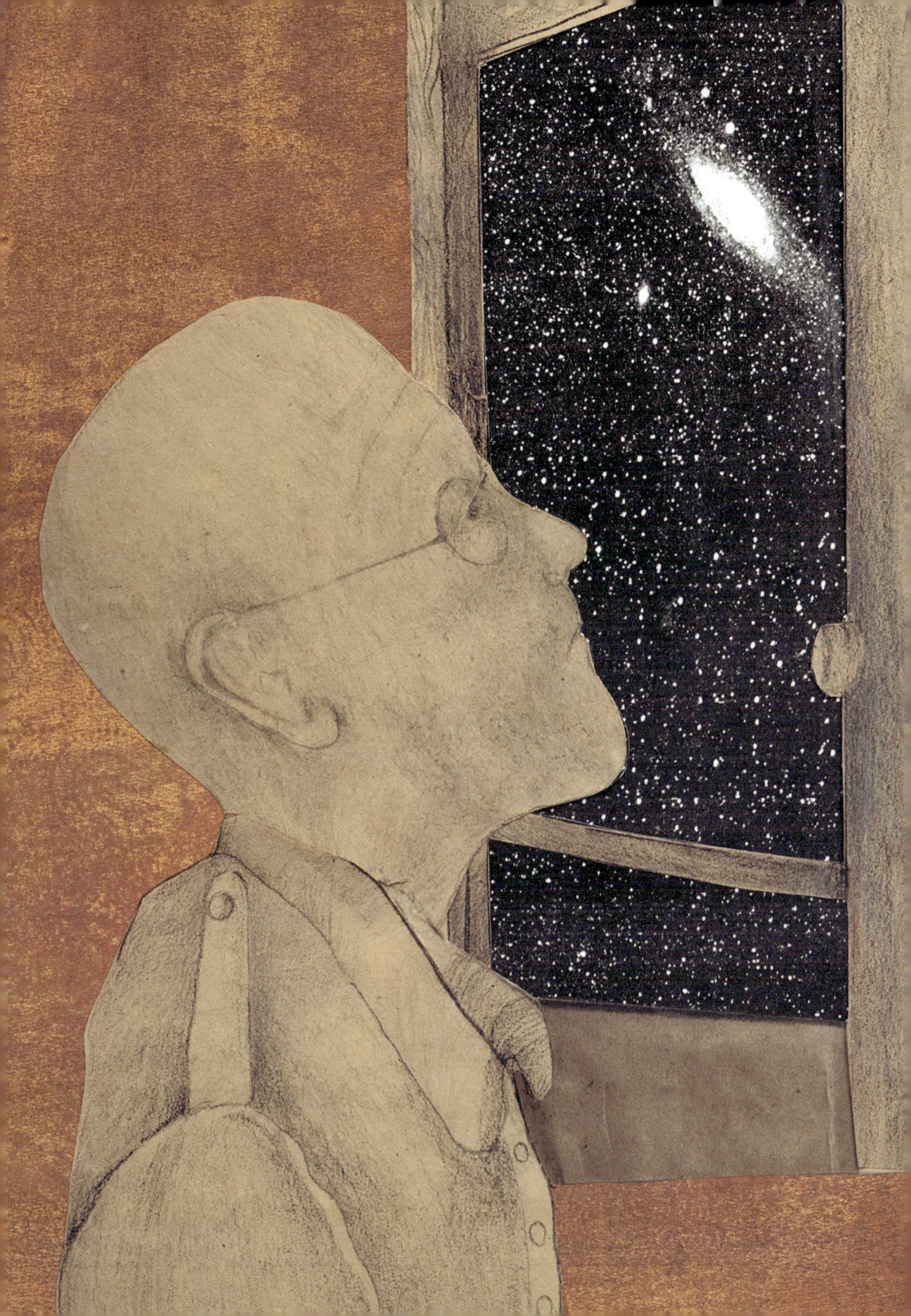

Was wäre, wenn ...
sie morgen ihre Rollen fortsetzten?
Wenn Jerzyk glaubte,
er sei tatsächlich ein Fakir,
Chaimek – ein Arzt,
Adek – ein königlicher Herold?

115

Ich wurde wach, und da ich
nicht einschlafen kann,
träume ich. Ich sehe ein Theater,
Menschen, die darauf warten,
dass die Vorstellung beginnt.
Endlich! Der Vorhang hebt sich.
Die Bühne – überflutet vom Scheinwerferlicht.
Es erscheint eine Tänzerin im weißen Kleid,
mit einer Schnur aus blauen Perlen.
Um die Stirn – ein Band,
geschmückt mit Glitzersteinchen.
Sie sehen aus wie Diamanten.
Diese Tänzerin – das bin ich.
Ich soll zwei Tänze vorführen,
zunächst den eines armen Mädchens,
dann den einer Prinzessin.

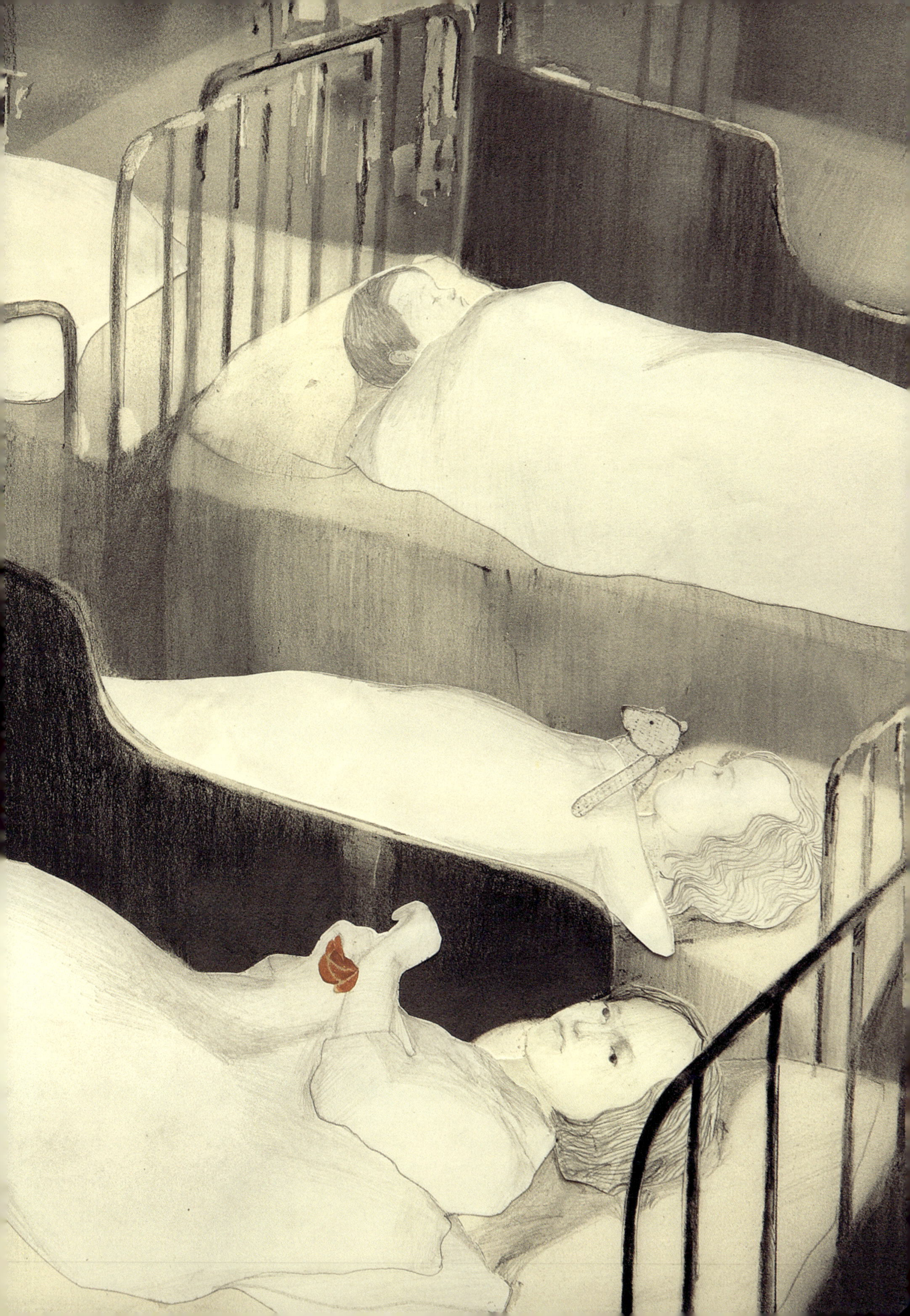

Bekannt

Auf Befehl der Deutschen Behörde werden
nd Geschlechts, die in Warschau wohnen

Ausgenommen von der Umsiedlung sind:
- alle jüdische Personen, die bei der Deutschen Behörde
  erbringen können.
- alle jüdische Personen die dem Judenrat angehören
  Veröffentlichung der Anordnung).
- alle jüdische Personen, die bei reichsdeutschen Firm
- alle arbeitsfähige Juden, die bisher nicht in den A
  zu kasernieren.
- alle jüdische Personen, die dem jüdischen Ordnungs
- alle jüdische Personen, die zum Personal der jüdisch
  schen Desinfektionstrupps.
- alle jüdische Personen, die engste Familienangehörig
  sind ausschliesslich Ehefrauen und Kinder.
- alle jüdische Personen, die am ersten Tag der Ums
  entlassungsfähig sind. Die Entlassungsunfähigkeit w

eder jüdische Umsiedler darf von seinem
äck mit mehr als 15 Kg. wird beschla
chmuck, Gold usw. mitgenommen werden

eginn der Umsiedlung am 22.7.42 um 11 U

trafen:
- Jede jüdische Person, die mit Beginn der Umsiedlung
  Personenkreis anzugehören und soweit sie dazu bishe
- Jede jüdische Person, die eine Handlung unternimmt,
  zu stören, wird erschossen.
- Jede jüdische Person, die Mithilfe bei einer Handlung
  hen oder zu stören, wird erschossen.
- Alle Juden, die nach Abschluss der Umsiedlung in
  aufgeführten Personenkreis anzugehören, werden er

Auf der Sitzung im Hauptgebäude des Judenrates in W
im jüdischen Wohnbezirk wie etwa die Versorgungs
werker-Verband, die sind Müllabfuhrgesellschaft S.
Angestellten des Judenrates in Warschau gle
Wohnbezirk beschäftigten Personen.

Obwi

Niemieckich będzie
siedlenia

ność zwol-
bagaż o wadze powyżej 15
łoto i t. d. mogą być zabrane.

chwili rozpoczęcia przesiedlenia opuści dzielnicę żydowską

trzelany;
będzie rozstrzelany;
iczbą 2 punkt a do h będą rozstrzelani.

Rada Żydowska w Warszawie

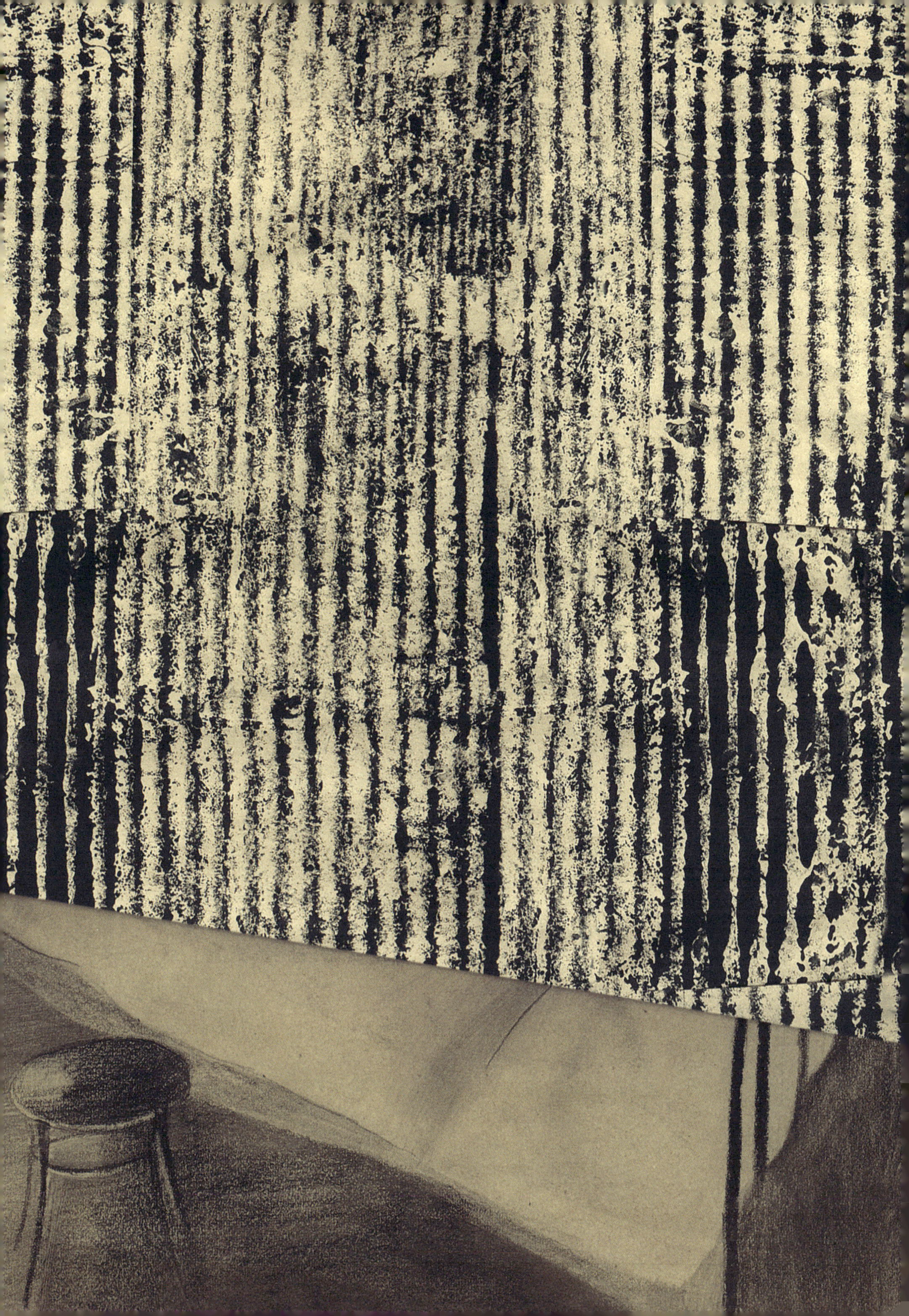

AM 6. AUGUST 1942 –
DREI WOCHEN NACH AUFFÜHRUNG VON TAGORES ‚POSTAMT' –
WURDE DAS DOM SIEROT GEWALTSAM AUFGELÖST.
DER HERR DOKTOR, FRAU STEFA, IHRE 192 KINDER
WURDEN EBENSO WIE DIE NEUN MITARBEITER
DES WAISENHAUSES IN ALLER FRÜHE
VON SS-MÄNNERN UND IHREN HANDLANGERN
AUF DEN HOF IHRES HAUSES GETRIEBEN,
GEZÄHLT UND ZUM UMSCHLAGPLATZ GEBRACHT,
VON WO AUS SIE – GEPFERCHT IN WAGGONS –
NACH TREBLINKA TRANSPORTIERT WURDEN,
DEM ORT TAUSENDFACHEN MORDES.

FRÄULEIN ESTHER ... BEREITS ENDE JULI 1942,
KURZ NACHDEM DIE DEUTSCHEN BESATZER
MIT DER SOGENANNTEN ‚UMSIEDLUNGSAKTION'
BEGONNEN HATTEN, FIEL SIE EINER DER
GRAUSAMEN STRASSENRAZZIEN ZUM OPFER.
KORCZAKS VERZWEIFELTE VERSUCHE,
SIE FREIZUBEKOMMEN, SCHEITERTEN.
IN SEIN TAGEBUCH NOTIERT ER:
„ZUM VORLÄUFIGEN ABSCHIED
HAT SIE UNS ‚DAS POSTAMT' GESCHENKT.
FALLS SIE HIER UND JETZT NICHT ZURÜCKKOMMT,
TREFFEN WIR UNS ANDERSWO WIEDER.
ICH HABE DIE GEWISSHEIT, SIE WIRD
UNTERDESSEN ANDEREN SO DIENEN,
WIE SIE UNS GUTES GAB UND
NUTZEN BRACHTE."

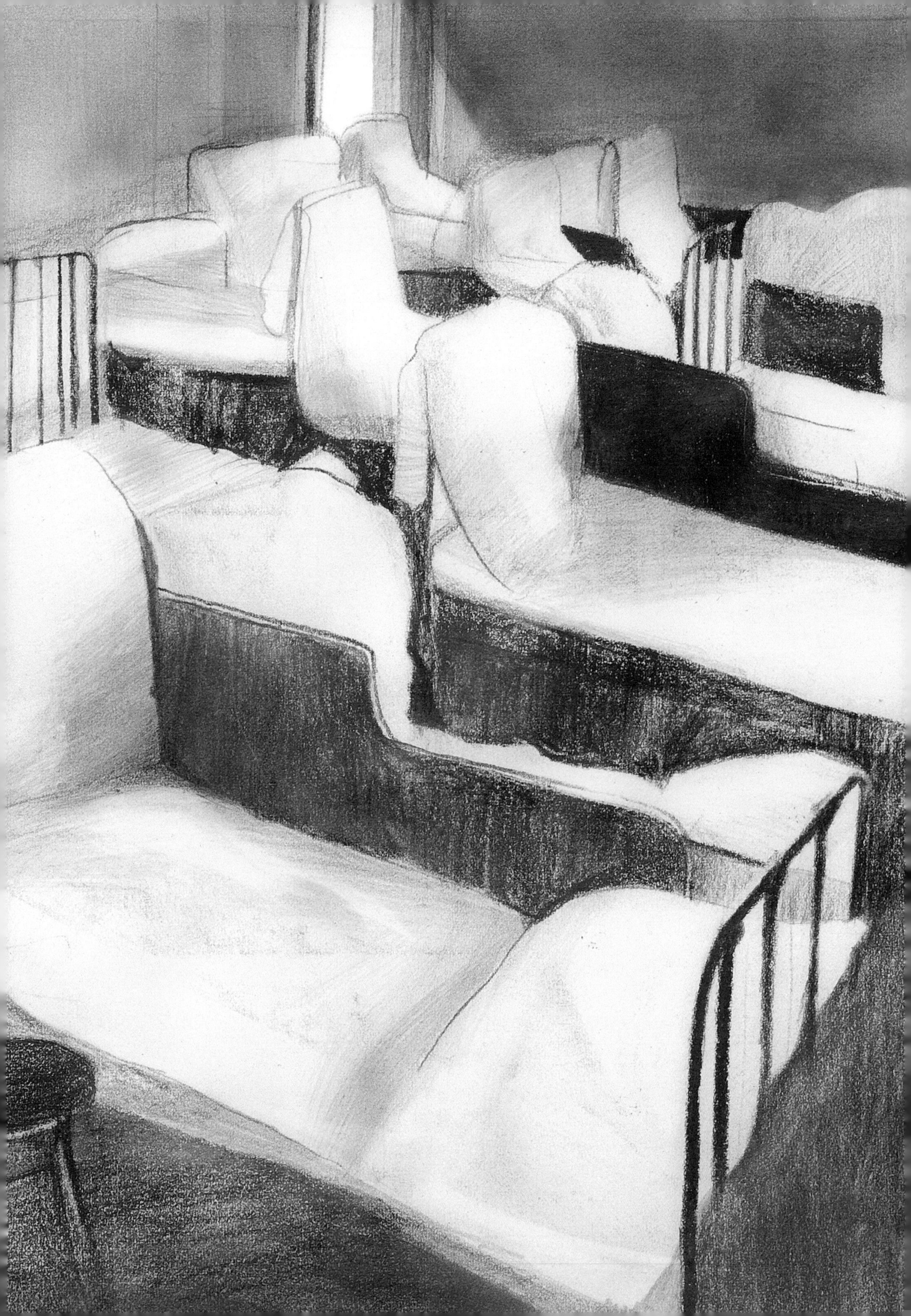

1942 SIERPIEŃ 31 d.

6

CZWARTEK
Przemienienie Pańskie

W. s. g. 5 m. 2   Z. s. g. 20 m. 20

Text* und Storyboard
Adam Jaromir

Illustrationen
Gabriela Cichowska

Grafische Gestaltung
Dorota Nowacka

Handschrift
Luca Emanueli

Redaktion
Worte und Wörter

Fotografie
Jacek Chmielewski

Photo Editing
Daria Szadkowska

Lesezeichen „Geranie"
Momo Jacob

Produktion
Grafiche AZ s.r.l.

Printed in Italy

© 2013 by Gimpel Verlag

Copyright for text and illustrations
© 2013 by Gimpel Verlag

ISBN 978-3-9811300-8-9

Gimpel Verlag
www.gimpel-verlag.de

----

* Unter Verwendung
von Originaltexten
Janusz Korczaks.

Ein besonderer Dank gilt:

Dorota Nowacka und Daria Szadkowska
für ihren eisernen Willen, dieses Buch
noch schöner werden zu lassen.

Iwona Chmielewska
für all die langen, inspirierenden Gespräche
und – ebenso existenziell – ihre Bücher

Andrzej Wajda und Agnieszka Holland
für ihren *Korczak*. Sapienti sat …

Jan Jagielski
für die umfangreiche historische Beratung

Dr. Peter Stein
für die Transkription des Hebräischen

Für die freundliche Bereitstellung
von historischem Bildmaterial danken wir
dem Jüdischen Historischen Institut
und dem Korczakianum in Warschau,
dem Ghetto Fighters' House in Israel,
der Österreichischen Nationalbibliothek
sowie der Int. R. Malling-Hansen-Gesellschaft.

Die auf den Seiten 80 und 108 zitierten
Illustrationen wurden von Rie Cramer gestaltet.
Sie entstammen der holländischen Ausgabe
von Tagores *Postamt* (*De brief van den Koning*),
erschienen 1913/14 in Utrecht.

Die Recherchen zu *Fräulein Esthers letzte Vorstellung*
wurden im Rahmen des Grenzgänger-Programms der
ROBERT BOSCH STIFTUNG gefördert.

Der Druck dieses Buches wurde vom
POLNISCHEN BUCHINSTITUT unterstützt.